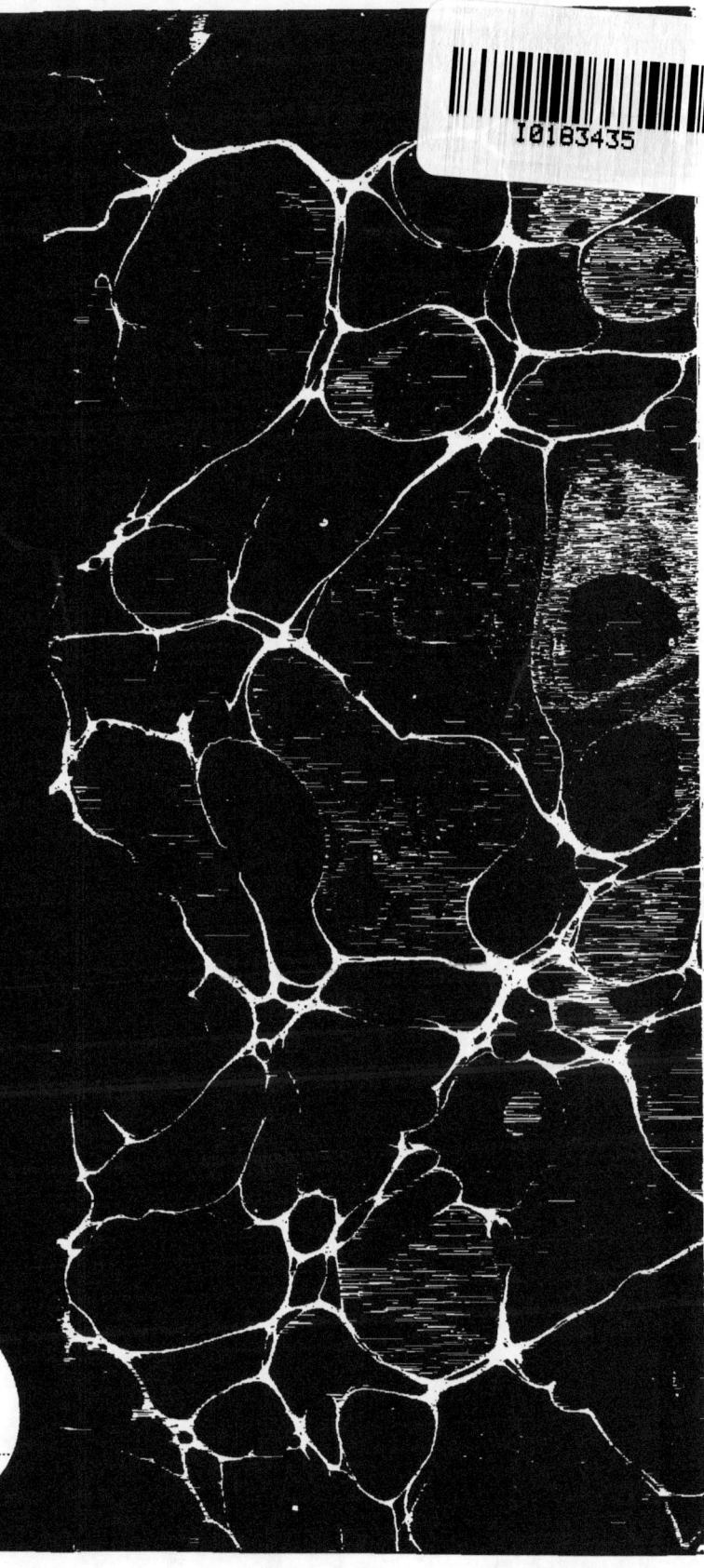

NOTICE HISTORIQUE

SUR

LA PÉPINIÈRE DU ROI

AU ROULE;

Faisant suite à un Discours sur l'Enseignement de la Botanique, prononcé dans cet Établissement, le 24 mai 1824.

Par le Ch^{er}. AUBERT AUBERT DU PETIT THOUARS,

Membre de l'Académie Royale des Sciences.

PARIS,

DE L'IMPRIMERIE DE GUEFFIER,
IMPRIMEUR DE L'ATHÉNÉE DE MÉDECINE DE PARIS,
RUE GUÉNÉGAUD, n° 31.

1825.

NOTICE HISTORIQUE

SUR

LA PÉPINIÈRE DU ROI

AU ROULE.

Depuis Louis XIII, au moins, nos Rois avoient eu des Pépinières hors du faubourg Saint-Honoré, ce que l'on nomme maintenant le faubourg du Roule. Le plus respectable de nos Auteurs de jardinage, Claude Mollet, qui a été premier Jardinier sous Henri IV, Louis XIII et Louis XIV, dit qu'en 1620 il a greffé plus de vingt mille pieds d'arbres dans ces Pépinières; et c'est là, suivant le témoignage de son fils, André Mollet, que Louis XIII aimoit à venir greffer lui-même. Sous Louis XIV elles prirent une forme plus stable : elles furent réunies en une seule pièce, qui occupoit tout le terrain bordé au nord par la Rue ou le chemin du Roule, au sud par l'avenue dite depuis des Champs-Elysées, qui n'étoit encore qu'en projet, à l'est par le grand égout, à l'ouest par un vaste jardin de l'Oratoire. Là, se trouvoit une belle Orangerie, qui fournissoit à celle de Versailles de quoi se regarnir. Louis XV montra, dès 1724, l'intérêt qu'il y prenoit, par une ordonnance qui lui accordoit quelques priviléges. On la voit figurée dans le grand plan des environs de Paris, exécuté par M. l'abbé de la Grive en 1741, sous la dénomination d'ancienne Pépinière du Roi. Elle est donc située sur la gauche du faubourg du Roule; mais sur la droite, on voit un espace de terrain à peu près pareil, bordé au sud par le chemin de Courcelles et devenu la rue de ce nom, et à l'est par le chemin des Porcherons, devenu depuis la rue de la Pépinière. Les deux autres côtés du carré sont fermés par des murs. Elle porte le nom de nouvelle Pépinière du Roi; on y remarque déjà l'Orangerie telle qu'elle existe encore. Il paraît que déjà à cette époque on regardoit l'ancienne Pépinière comme épuisée, car on l'afferma pour une entreprise particulière pour vingt ans, et en 1751 elle fut cédée définitivement au duc de la Vrillière. Celui-ci la transmit à madame la marquise de Langeac. Mais lorsqu'à l'avènement de Louis XVI, ce Monarque voulut donner à ses Frères une existence digne de leur rang en leur composant une maison, ce fut dans le faubourg du Roule qu'on plaça le chef-lieu de celle de S. A. R. le comte d'Artois. Pour cela on racheta de la marquise de Langeac l'ancienne Pépinière, en 1778. Pour lui donner plus de relief, Sa Majesté érigea en Fief, en 1780, les dix-sept arpens qu'elle contenoit, avec la redevance annuelle d'une Fleur de lys d'or, avec la faculté de *jouer roturièrement* de ce terrein; c'est-à-dire, que le Prince pouvait aliéner ce qui ne lui conviendroit pas, à la réserve d'un arpent, qui devait servir de *Motte féodale*, ou de chef-lieu. C'est là où l'on construisit les écuries de Son Altesse. Le reste, soumis à un plan régulier qui devoit contribuer également à l'embellissement du quartier et à sa salubrité, ne devoit être vendu que sous la condition de suivre ce plan. La révolution survint : ce terrain étoit resté intact dans le plus fort de la tourmente; mais du temps du Directoire on en joua *révolutionnairement.*

Cependant, lorsque l'auguste Prince ramena un Français de plus sur le sol de la France, et que voulant répondre à l'empressement de tous ceux qui l'entouroient au moment où il alloit faire son entrée dans Paris, et qu'il leur distribua son écharpe blanche pour y suspendre le noble emblême de la Monarchie, c'était peut-être sans s'en douter, comme Seigneur du fief du Lys qu'il agissoit ainsi; car il rentroit en possession de cette propriété, puisque le hasard avoit voulu que cette *Motte féodale* existât encore. Du moins c'étoit encore par les noms de ses augustes fils que ce terrain étoit limité, les rues d'Angoulême et de Berry le bordoient toujours. Ces noms, consacrés depuis par le malheur et la gloire, à la mémoire des Français, s'étoient donc maintenus. Mais le Prince fut obligé de racheter quelques portions pour venir terminer, après vingt ans d'interruption, le beau monument que son goût avoit adopté. Voilà qu'un acte solennel vient de le rattacher à la Couronne; cette Couronne que l'auguste Prince vient de ceindre pour consoler la France de la perte qu'elle a faite. Le fief du Lys se trouve donc destiné à recevoir ces Coursiers qui, malgré le feu qui les anime, promènent si paisiblement le monarque au milieu de la foule qui se presse autour de lui pour le contempler de plus près. C'est donc là qu'on pourra voir réuni l'élite des haras de la France. Ce sera donc un digne sujet d'émulation propre à donner à cette Branche importante de l'Economie rurale toute l'amélioration dont elle est susceptible, car quel Français, livré à l'éducation des Chevaux, n'ambitionnera pas l'honneur de voir le produit de son industrie digne de figurer dans cette Exposition *permanente*? Ainsi, elle remplira la première partie du vœu que Sa Majesté a daigné exprimer au renouvellement de cette année, à la Société d'Agriculture, en promettant pour prix de son accomplissement sa Reconnaissance.

Comme on l'a dit, la nouvelle Pépinière du Roi existoit donc en 1741; mais en 1772 Louis XV voulut lui donner une destination plus spéciale. Comme on sait, ce Monarque avoit beaucoup de goût pour la culture des Arbres : il désiroit, entre autres, multiplier sur le sol de la France le plus grand nombre possible d'Arbres étrangers, persuadé que par quelques-uns d'entre eux on pourroit effectuer le repeuplement des Forêts. Ainsi, il falloit les essayer sur plusieurs points du royaume. Il désigna sa propre Pépinière du Roule pour devenir le centre de toutes celles qu'on devoit établir, et il en donna la direction à l'abbé Nolin, dont il avoit eu occasion de connoître le zèle et l'habileté. Il mit à sa disposition tout le terrain qu'elle occupait : depuis 1741 elle étoit augmentée d'une portion située entre la rue du Faubourg-du-Roule et la rue de Courcelles, dont la superficie étoit à peine d'un arpent; mais il s'y trouvoit une Maison commode qui fut destinée au Directeur. Ainsi, il falloit traverser la rue de Courcelles pour arriver à la Grande Pépinière. Elle étoit de dix-huit arpens, mais il n'y en avoit que cinq qui appartinssent au Roi : huit étoient pris à rente de la Fabrique de Saint-Philippe du Roule, cinq autres dépendoient de l'Abbaye de Saint-Victor. M. de Marigni fut chargé d'obtenir la cession de ces cinq arpens, soit par échange, soit par achat; ils furent acquis sur le pied de 2,000 fr. l'arpent. L'abbé Nolin profita de ce terrain en multipliant les semis des Arbres regardés jusque-là comme très-rares, pour les répandre sur le sol de la France; mais bientôt on s'aperçut qu'il n'avoit pas besoin d'être si vaste pour remplir sa destination, car il ne s'agissoit que d'avoir à Paris un entrepôt qui pût servir de point de communication entre toutes les Pépinières qu'on établissoit sur tous les points du Royaume. On la réduisit donc à cinq arpens, telle qu'elle est restée jusqu'à cette époque; le reste fut vendu, et forma le côté gauche de la rue de la Pépinière. On espéroit surtout pouvoir accoutumer les Plantes des pays les plus chauds à vivre dans les plus froids, en les y amenant par des degrés insensibles (c'est pour servir de premier échelon, que l'on fonda une Pépinière à Hières, en Provence) : l'espalier de Pistachiers qui orne encore la Pépinière du Roule sembloit encourager ces tentatives, et l'Orangerie donnoit les moyens de les multiplier. Mais, si l'on s'est vu forcé de renoncer à cette agréable chimère de la Culture, on a du moins acquis plus de connoissance sur les habitudes des Végétaux étrangers; le terrain, plus resserré, permit de leur donner des soins particuliers. A l'exemple de Le Monnier, l'abbé Nolin remplit des carrés entiers de terre de bruyère ; mais il fut bientôt en état de faire des essais plus en grand. Louis XVI, qui dans toutes les occasions avait montré sa prédilection pour l'Agriculture, n'ayant acheté le domaine de Rambouillet que pour s'y livrer à son goût pour la vie agricole, chargea M. Tessier d'y faire en grand des expériences pour des améliorations en tous genres dans l'Agriculture, ensuite appela l'abbé Nolin pour y naturaliser le plus grand nombre possible d'Arbres *étrangers*. D'après les conseils de Le Monnier, il avoit envoyé André Michaux dans l'Amérique septentrionale. Toutes les Graines et les Plants vivans transmis par ce Naturaliste infatigable furent essayés à Rambouillet ; le surplus fut déposé à la Pépinière du Roule, pour se répandre dans toute la France. Elle continua donc à verser les bienfaits de ses augustes Fondateurs jusqu'au moment de la révolution : alors elle fut menacée de la destruction, comme tout ce qui étoit utile et honorable. Sa vente fut affichée plusieurs fois ; mais, grâce à la prudence de l'abbé Nolin et de son neveu, M. de Lézermes, qui lui succéda lors de son décès arrivé en 1795, elle fut préservée. Rentrant dans les attributions du Ministère de l'Intérieur, elle n'a pas cessé un seul instant de remplir les intentions bienveillantes de Louis XV. Elle étoit revenue dans toute sa splendeur, lorsque M. de Lézermes fut enlevé par une courte maladie en 1807. J'osai me présenter pour le remplacer. Il étoit mort le samedi : je formai ma demande le mercredi, et j'obtins la place le vendredi. Ainsi M. de Champagny, depuis Duc de

Cadore, doubla le bienfait, par la manière dont il l'accorda : il avoit reconnu en moi un ancien Camarade de collége, ainsi que mes trois Frères, et l'un d'eux fut son ami dans la marine; il n'avoit pu jusque-là que me témoigner sa bonne volonté. Depuis cinq ans j'étois revenu d'un voyage où pendant dix ans je m'étois livré avec ardeur aux recherches de botanique sur les Iles de France, Bourbon et Madagascar, quoique j'eusse à lutter contre les privations de toute espèce auxquelles j'étois souvent réduit. On a vanté avec justice le zèle de plusieurs Naturalistes qui ont été à leurs frais explorer les contrées les plus éloignées; ils dépensoient leurs revenus et quelquefois leurs fonds; mais moi, j'avois déjà sacrifié tout ce que j'avois de fortune à espérer, avant de mettre le pied sur le bâtiment qui devoit m'emmener. Mon frère Aristide Du Petit-Thouars ayant fait l'entreprise d'aller à la recherche de La Peyrouse, fit un armement qui devoit être payé par des souscriptions; mais, vu les malheurs des temps (c'étoit en 1790), elles furent loin de suffire. Nous fûmes obligés, mon frère et moi, de vendre notre patrimoine pour y subvenir; et au moment où j'allois jouir de ce sacrifice, je fus arrêté révolutionnairement en 1792. Séparé pour toujours de mon frère, j'avois été l'attendre aux Iles de France. Cependant la moisson de plantes que j'apportois en 1802 égaloit celles que les botanistes les mieux protégés par le gouvernement avoient recueillies, et elle n'avoit coûté que les frais d'un passage sur la Frégate qui me ramenoit en France en septembre 1802 : mais jusque-là c'étoit plutôt un fardeau pour moi qu'un moyen d'existence ; car personne n'étoit venu à mon secours. Je trouvai donc enfin le Vivre et le Couvert, et mes collections furent à l'abri. D'abord je pourvus au maintien de l'établissement qui m'étoit confié, en me conformant exactement à tout ce que mon prédécesseur avoit sagement établi ; en sorte qu'il n'est pas déchu entre mes mains, puisqu'il a fourni annuellement toujours à-peu-près la même quantité d'Arbres. Mais je profitai, pour le perfectionnement de l'Agriculture, de la position où je me trouvois : la passion qui m'avoit entraîné pendant dix ans au-delà des mers et qui m'avoit fait braver les privations de toute espèce auxquelles j'avois été exposé me dominoit toujours ; ne trouvant plus, en apparence, d'alimens nouveaux, elle se replia sur elle-même. Une sorte de hasard met entre mes mains un fil qui me fait pénétrer dans l'intérieur des Plantes, et j'expose, dans des mémoires lus à la première classe de l'Institut (l'Académie des Sciences), les causes de la Végétation. Quoique je me fusse toujours fondé sur l'observation directe et positive de la Nature, j'avois besoin de les confirmer par des Expériences. Je tirai donc parti de la place que j'occupois ; elle me donna aussi les moyens de les appliquer directement à la Culture : de plus, je voulus comparer ce que j'avois découvert par mes seules recherches, avec celles de mes Prédécesseurs. Ainsi, je m'appliquai à l'Histoire de la science, et je ne négligeai rien pour fonder une Bibliothèque des Auteurs *agronomiques*. Pour répandre davantage les connoissances positives que j'avois acquises, je songeai à établir un cours de Physiologie *végétale*, et l'on m'a *permis* de l'ouvrir ; et le seul encouragement que j'aie reçu, a été d'être remboursé des frais que j'avois faits en tables, bancs et affiches. Je l'ai ouvert en 1809, et là, devant un grand nombre d'auditeurs, j'exposai les services que nos rois avoient rendus à la culture des arbres, et notamment je parlai avec des éloges mérités de Louis XV, Fondateur de la Pépinière, et de Louis XVI, et je ne dis pas un mot de celui qui nous gouvernoit alors. A la Restauration, me livrant à l'élan que j'éprouvois avec toute la Nation, j'ai tracé plus en grand l'esquisse des bienfaits que de tous temps nos Souverains ont répandus sur l'Agriculture. J'ose dire que j'ai été bien servi par l'inspiration, et que j'ai produit un Tableau digne de l'attention des Littérateurs. J'exprimai en liberté les sentimens que j'ai toujours conservés dans mon cœur, et dans plus d'une occasion mon existence a été compromise par la trop grande franchise avec laquelle je les avois manifestés.

— Dès ce moment je n'eus plus qu'un seul désir, ce fut d'attirer l'attention du souverain sur cette source des bienfaits de ses Aïeux, qui n'avoit pas tari, même dans les momens les plus désastreux de la révolution. Je l'avouerai, j'ambitionnois en même temps l'honneur de présider à sa conservation, en vertu d'un Titre qui émanât directement de Sa Majesté, c'eût été en sanctionnant l'ancien nom de Pépinière du Roi que j'avois repris pour cet établissement; mais, le dirai-je, c'étoit de mon chef, parce que cela se fit dans un moment où l'on ne pouvoit plus consulter personne; car ce fut peu de jours avant le retour de l'Usurpateur. Je voulois par là manifester hautement mon opinion en arborant ce Titre auguste, mais le fatal 20 mars arrivant, je fus obligé de le soustraire aux insultes.

A peine la tourmente étoit-elle passée, que je m'empressai de replacer le titre que j'avois adopté. Je n'avois encore personne à consulter. Depuis ce moment, je n'ai pas cessé de le prendre en tête de tous les états que j'ai présentés, et depuis dix ans que cela dure, on ne m'a point encore fait de reproches à ce sujet. Seulement, quelques personnes m'ont dit qu'elles ne voyoient là que le sujet d'une discussion grammaticale; mais mon but étoit plus élevé : je voulois assimiler cette fondation royale à la Bibliothèque du Roi et au Jardin du Roi.

.... *Sic parvis componere magna solebam.*

Elle avoit de commun avec ceux-ci d'être une émanation directe de la bonté paternelle de nos Rois, et comme eux, c'étoit par l'organe du Ministère de l'*Intérieur* que ces Bienfaits se répandoient. En un mot, j'espérois que ce Titre, sanctionné convenablement, deviendroit une sauve-garde contre les attaques dont je prévoyois déjà la possibilité; effectivement chaque année j'ai vu l'existence de cet Etablissement menacée, et jusqu'à présent on a plutôt *éludé* que *repoussé* les atteintes qui lui ont été portées à la Tribune. C'est de cette même Tribune que la première portion des Pépinières du roi, concentrée de manière à former une exposition permanente des progrès des Haras, vient d'être reconnue comme faisant partie des Domaines de Sa Majesté. Pourquoi ne lui a-t-on pas associé en même temps cette autre portion qui, depuis si long-temps, constate l'état de la Culture des arbres en France, puisque les deux peuvent également concourir au même but?

Mais qu'étoit-il besoin d'énumérer positivement cet Etablissement pour le reconnoître comme appartenant au Roi? N'est-il pas une dépendance directe des Maisons royales, dont il a la propriété? Long-temps l'une et l'autre partie ont successivement alimenté les jardins de Sa Majesté; encore à présent, c'est dans l'Orangerie de la pépinière du Roule, qu'une partie des arbres qui décorent, pendant l'été, les jardins des Tuileries, viennent passer la mauvaise saison. Louis XV, il est vrai, voulut la rendre d'une utilité plus générale; mais elle ne fut point aliénée pour cela, seulement elle passa du Domaine *utile* au domaine *bienfaisant*, et c'est celui qu'affectionnent le plus les Bourbons; et lorsque deux Français de plus furent rendus à la France comme tous les autres qui les avoient suivis dans leur exil, ils durent rentrer paisiblement dans toute la partie de leur héritage dont on n'avoit pas joué *révolutionnairement*. Ainsi, par leur seule présence, ils ont sanctionné l'usage qu'on faisoit d'une portion de cet héritage. Enfin, les lois inexorables de la nature ont fait succéder le Cadet à son Aîné, il est donc entré de suite dans la plénitude de tous ses droits. Ce doit donc être maintenant de l'auguste Charles X, que dépendra le sort de la Pépinière du Roule, c'est donc à lui qu'il appartient de la maintenir telle que l'a fondée Louis XV; mais si, par hasard, il acquéroit la preuve qu'elle pourroit rendre plus de service de toute autre manière, il n'offenseroit point les mânes de son Aïeul, en augmentant la somme des bienfaits dont il avoit légué la distribution à ses descendans; mais quelqu'avantageux que fussent les changemens qu'on pourroit projeter, on ne peut songer à leur exécution que lorsqu'on aura la pleine certitude de la volonté de Sa Majesté. Cependant, voilà plus de six mois qu'une pétition pour demander la suppression de la pépinière du Roule, afin de transformer son sol en un Marché a été colportée dans tous ses environs, ensuite présentée à son Excellence le Ministre de l'Intérieur, et à M. le Préfet du département; les plus grands Noms sont venus l'appuyer par leurs Signatures. Mais on peut croire que ces Signataires ne se sont pas donné la peine de lire cette pièce, et qu'ils n'ont fait qu'approuver le but d'utilité qu'on leur faisoit entrevoir, sans faire attention à la forme qu'on employoit pour y parvenir. C'est par un bourdonnement sourd que j'ai appris son existence; mais ce n'est que depuis peu de jours que j'ai pu parcourir un supplément à cette pièce: je n'aurois pas eu besoin de savoir d'avance le nom du principal instigateur de ce projet: *à l'œuvre j'aurois connu l'ouvrier*. J'aurois donc vu tout de suite qu'il venoit de celui qui, pêchant en eau trouble, étoit resté possesseur du Domaine du Lys; car, si d'un côté, c'étoit sur les mêmes principes qui lui en avoient acquis la propriété, qu'il fondoit le droit qu'on avoit pour aliéner un terrain qui l'offusquoit par la Pureté de son Origine, de l'autre côté, à la mauvaise foi et à l'astuce avec lesquelles il soutenoit les motifs qu'il alléguoit, on reconnaissoit aussi facilement son ancienne profession.

Voilà les deux points qu'il a prétendu établir dans cette Pétition.

1°. L'Utilité publique, dans la fondation d'un Marché et d'une Rue sur le terrain occupé par la pépinière du roi au Roule;

2°. L'Inutilité de cette Pépinière, par conséquent la surcharge dont elle est pour l'Etat.

Pour soutenir le premier point, il a dit emphatiquement : soixante mille Bouches réclament un Marché, et elles le veulent plus rapproché et par conséquent plus commode que ceux auxquels elles sont obligées de se pourvoir.

Rien de plus juste ; chacun demande sa commodité; mais on la veut la plus grande possible. Ainsi ce Marché devroit occuper le centre même du Quartier qu'habitent les Consommateurs. Mais supposons que ce projet s'exécute, une Rue traversera donc le terrain étroit de la Pépinière, presque parallèlement à la rue de la Pépinière, et de l'autre la nouvelle Rue déjà commencée le long de l'Abattoir, si on la prolonge vers le sud, jusqu'aux Champs-Elysées, et de l'autre jusqu'à la rue de Clichy; il arrivera de là qu'à peine mille de ces bouches réclamantes se trouveront sur la gauche, tandis qu'il y en aura cinquante mille de l'autre côté. Ainsi, ce marché se trouvera bien loin du centre. En second lieu, cette rue de l'Abattoir domine en terrasse le sol de la Pépinière de près de vingt pieds, ce que démontre l'inclinaison de la rue qui se trouve en face de cet abattoir. Ainsi, de deux côtés au moins, l'abord de ce marché sera des plus difficiles; il sera donc également incommode par sa position et par sa situation.

Supposé que ces deux graves inconvéniens fassent renoncer à ce Marché, la Rue proposée ne seroit-elle pas utile? Mais à qui le demanderoit-on? La maison de la Pépinière sur le faubourg du Roule occupe le n° 20, et celle qui se trouve en face, le n° 19, justement la maison du promoteur de ce projet; ainsi, il n'y a que dix maisons d'intervalle entre le commencement de la rue de la Pépinière et celle d'Angoulême. Quelle commodité peut-on attendre d'une île de Maisons aussi étroite? Ce sera encore pire dans son prolongement sur le terrain de la Pépinière, puisqu'elle longera entre deux autres rues parallèles très-rapprochées. Ainsi on ne satisfait donc à la commodité générale pas plus pour la seconde partie du projet que pour la première. Mais, dira-t-on, au défaut d'un emplacement plus commode, on emploie celui qui, du moins, a l'avantage de débarrasser le Gouvernement d'une surcharge considérable.

Si on appeloit comme Arbitres des Monumens *publics* les Agioteurs, dans leurs Spéculations barbares, ils chercheroient à vous démontrer que l'Etat gagneroit au moins deux millions à laisser démolir le Louvre pour livrer ensuite au Commerce et à l'Industrie son Emplacement déblayé; car ils ont appris, dans leurs exploitations, à retirer des matériaux d'un Edifice au moins le double de leur mise. Ainsi ce n'est pas trop d'estimer deux millions ce terrain sur lequel se sont développés les talens des Goujon et des Perrault, et qui ne sert maintenant, vous diront-ils, qu'à présenter tous les deux ou trois ans les travaux des Peintres et des Sculpteurs; et comme on ne se contente pas de leur donner l'occasion de faire admirer leur talent, que de plus on se croit obligé de les récompenser, c'est encore une autre surcharge dont on débarrasseroit l'Etat. On ne peut pas dire que ce prix soit exagéré, puisqu'on estime 500,000 fr. les cinq arpens de la Pépinière ; de plus, comme on porte à 24,000 fr. les dépenses de l'établissement, le Capital de cette somme, réuni à celui du fonds, seroit de 980,000 fr., c'est-à-dire, à peu près d'un million. Il est certain que si l'on prend pour exemple quelques-uns des achats qui ont eu lieu très-récemment, on ne trouvera pas ce prix trop exagéré. Mais jusqu'à quel point ces valeurs, dont tout Paris s'étonne, sont-elles réelles ?

Peut-être qu'en perçant ces brouillards d'agiotage qui nous offusquent depuis quelque temps, on reconnoîtroit qu'au fond ni les Vendeurs ni les Acquéreurs n'ont gagné à ces brillantes mutations. Tâchons cependant d'estimer les objets à leur véritable valeur. A côté de la Pépinière, et mur mitoyen avec elle, existe une des maisons les plus magnifiques qui existent dans Paris. C'est l'hôtel Richebourg ; il a coûté, dit-on, 1,500,000 fr. à bâtir, il est au milieu de jardins de huit arpens. Hé bien ! il y a trois ans que l'héritière se trouvant dans une position très-gênée ne put en obtenir que 289,000 fr. Mais depuis que la manie de bâtir est devenue en faveur, un des plus hardis spéculateurs l'a acquis, mais à quel prix ? je ne le sais pas précisément ; mais tout porte à croire que ce n'est pas beaucoup au-dessus de la première vente qu'il l'a payé. Supposons que ce soit 500,000 fr. : si l'on compare les deux objets ensemble, il est évident que ce ne seroit qu'un prix fort inférieur qu'on obtiendroit de la Pépinière en la vendant à des Particuliers ; mais si c'étoit pour en former un nouvel Etablissement *public*, que l'on voulût l'aliéner, il ne devroit être estimé que sa valeur réelle, et non celle qu'un moment de fougue pourroit lui donner, car la sagesse d'un gouvernement doit, par sa conduite, démontrer le chimérique de ces fausses Spéculations. Ainsi, la Valeur *réelle* de son fonds ne pourroit pas être portée fort au-dessus de celle qu'on lui donnoit en 1772; à cette époque les meilleurs terrains des environs n'étoient affermés que 150 fr. l'arpent aux Maraichers; ce fut pour payer la convenance qu'il fut porté à 200 fr., par conséquent 20,000 fr. le terrain actuel de la Pépinière : il faudroit joindre à cela la maison du faubourg du Roule et un arpent environ qui l'entoure; mais lorsque le Gouvernement révolutionnaire voulut aliéner le tout, on ne l'estima que 50,000 fr., encore disoit-on qu'on auroit beaucoup de peine à les trouver. Eh bien, à présent, en y comprenant les réparations, portons-le à 100,000 fr.; ce seroit donc un revenu de 5,000 fr. qu'il faudroit joindre aux autres dépenses de la Pépinière. Mais on vous dit avec assurance qu'elle coûte tous les ans à l'Etat 24,000 fr. : le fait est que depuis dix-huit ans que je suis chargé de cet Etablissement, il n'a pas coûté 8,000 fr. l'un portant l'autre. Mais c'est parce que dans les momens difficiles où l'on s'est trouvé, j'ai porté l'économie peut-être à l'excès; estimons-le à 8,500 fr., répartis comme on le voit dans ce tableau.

Dépenses				
	Fixes.	Directeur . . . . . 3,600 f.		
		Premier jardinier. . 1,000		5,320 f.
		Portier. 720		
	Variables.	Journées d'ouvriers. 2,500 f.		3,180
		Dépenses diverses. . 680		
				8,500

Voilà donc à peu près comment se sont distribuées les sommes que j'ai touchées au Trésor public depuis dix-huit ans que je me trouve à la tête de cet établissement; mais lorsque j'y suis entré, on me fit l'honneur de me consulter pour établir un aperçu de ce qu'il pourroit coûter annuellement. Je fis cet état plutôt par instinct que sur des données positives, attendu que je n'avois pas encore pu en obtenir, et je portai à 9,200 fr. ses dépenses annuelles, parce que je demandois 100 fr. par mois pour les Dépenses *diverses*, et 200 fr. pour subvenir aux événemens : c'étoit donc 1,400 fr. d'éventuel, c'est-à-dire, à peu près 720 fr. de plus que je n'ai dépensé; et l'expérience m'a prouvé que si j'eusse pu employer cette somme à mon gré, elle eût suffi pour maintenir l'Établissement dans le meilleur état possible. Il est donc certain que sur cet article j'ai fait sur mon devis une épargne de 12,960 fr., et c'étoit, comme on va le voir, le seul qui en fût susceptible.

Mais c'est moi qui cause la plus grande dépense; car ayant 3,600 fr., j'ai à moi seul plus du tiers de la somme totale; cependant on ne me l'a accordée que comme Directeur de la Pépinière, c'est-à-dire, pour présider à sa manutention. Je n'étois donc tenu qu'à la mettre en état de fournir tous les ans la même Quantité d'Arbres qu'elle fournissoit auparavant. Je crois être en état de prouver que j'ai rempli cette condition. Si la Qualité a diminué insensiblement, il faut plutôt s'en prendre à la gêne où l'on m'a mis, qu'à ma négligence. Mais n'est-ce que comme Pépiniériste que j'ai obtenu cette place? Je n'aurois eu aucun titre à la demander en cette qualité, comme je le dis franchement lorsque je la sollicitois; mais j'y voyois une récompense de dix ans de voyage, qui m'accordoit un asyle pour déposer les matériaux que j'avois recueillis; de plus, je sentois que par le moyen des découvertes immenses que j'avois faites en Physiologie *végétale*, je serois bientôt au courant de tout ce que la pratique de la Culture des Arbres avoit de plus *mystérieux*, et je crois que j'y suis parvenu; j'en donnerai pour preuve la réussite de l'Espalier que j'ai dirigé depuis 1815, en m'affranchissant des principales règles qu'on avoit prescrites jusque-là.

Vient ensuite le premier Jardinier, à qui l'on donne 1,000 fr. par an; mais c'est toujours un simple Ouvrier qui, faisant son apprentissage dans la Pépinière, mérite par son intelligence et sa probité, de succéder à celui qui s'est mis dans le cas d'occuper une place plus avantageuse.

Quant au Portier, qui a 720 fr., c'est une retraite honorable : celui qui l'occupe dans ce moment est venu remplacer son Père, après avoir obtenu la décoration de la Légion-d'honneur dans la précédente guerre d'Espagne, où il avoit été appelé par la conscription.

On a rangé parmi les dépenses variables le salaire des ouvriers ou garçons Jardiniers : il est certain qu'on les paie à la journée; mais, dans le fait, comme on a besoin de Gens exercés dans le métier, qui, par leur intelligence, soient capables de remplir la tâche, quelquefois délicate, qu'on leur prescrit, ce ne sont donc plus de simples Journaliers, mais de véritables Domestiques à gage, qui par leur bonne conduite cherchent à conserver une place qu'ils trouvent avantageuse, puisqu'ils y restent ordinairement quelques années de suite, c'est-à-dire, jusqu'à ce qu'ils trouvent enfin une place plus lucrative; ils la doivent ordinairement au témoignage que l'on rend de l'Habileté qu'ils ont acquise et de la Probité dont ils ont fait preuve; et jusqu'à présent nous n'avons entendu faire aucun reproche sous ces deux rapports à aucun de ceux qui sont sortis de cet Établissement, et cela toujours de leur plein gré. C'est donc une sorte d'École permanente de Jardinage, où des jeunes gens se succédant, vont plus ou moins loin porter les bons principes qu'ils y ont reçus. Il y en a habituellement quatre, dont le salaire, regardé comme *variable*, pourroit être fixé à 600 fr. Depuis quelque temps l'on s'est fort bien trouvé d'avoir admis comme Élève un Jeune homme sortant à peine de l'enfance, à moitié prix des autres, en sorte que le total des Salaires pourroit être fixé à 2,700 fr., ce qui seroit avantageux pour la régularité des comptes. Il ne resteroit donc plus que les dépenses diverses au rang des *variables*. Comme on l'a dit, depuis quelques années elles ont été très-foibles, parce qu'il a fallu se conformer aux ordres reçus. C'est surtout pour les Fumiers, les Terres de bruyère, et autres objets essentiels pour l'Amendement, qu'il a fallu faire porter cette épargne. C'est donc par ce moyen que l'on a pu réduire la dépense annuelle à moins de 8,500 liv.

C'est encore beaucoup trop, dira le Pétitionnaire en chef; car, que donne-t-elle pour cela? quelques milliers d'Arbres de mauvaise venue, qui ne poussent encore qu'à force de Fumier, que l'on ne peut se procurer qu'à un haut prix, dit toujours le Pétitionnaire. Mais on vient de voir que c'est justement sur cela que roulent les épargnes qu'on fait sur les dépenses diverses, en sorte que, l'un portant l'autre, cet objet important ne va guère qu'à 300 fr. par an. C'est pour cela, dit-il encore, que l'ordre ayant été renouvelé, de ne distribuer les Arbres qu'en les vendant, on a été obligé de les mettre à moitié du prix courant.

C'est donc ainsi qu'il déprécie sous tous les points cet Etablissement, et c'est par une mauvaise foi insigne, car personne, mieux que lui, n'est à même de connoître la fausseté de ces allégations. Mais par une sorte de contradiction, il représente ces cinq ou six arpens de Terre *appauvrie*, comme produisant une concurrence fatale à la prospérité des Pépinières particulières : débitant les maximes des Économistes, il se plaint de la gêne que l'on impose, par ce moyen, au commerce des Arbres : *déliez-le et laissez-le aller*. On conçoit que ceux qui ne se sont livrés à ce genre de Spéculation que pour trouver de nouveaux moyens d'agiotage, attribuent à des Causes *étrangères* le mécompte de leurs calculs.

Mais ce ne seront jamais les vrais Pépiniéristes qui se plaindront de l'existence de cet Etablissement ; car ils seroient semblables aux enfans qui mordent le sein de leur Nourrice lorsqu'ils sont devenus trop grands ; tous, au contraire, reconnoîtront que c'est de ce petit Coin de terre qu'est sortie la source de leur Prospérité ; quelques-uns d'entre eux avoueront encore que c'est là où ils ont puisé toute leur instruction ; et il n'en est pas un qui ne soit entré en communication franche avec moi, en sorte que leurs Plantes les plus *précieuses* ont été à ma disposition; ils savoient aussi que je satisferois sur-le-champ à toutes les demandes qu'ils pourroient me faire.

Voilà dix-huit ans que je jouis de la position la plus agréable que je pouvois désirer, tout me faisoit espérer que mon séjour s'y prolongeroit jusqu'au moment indiqué par Horace, *linquenda tellus*..... Et voilà que peut-être, en faveur d'une Spéculation mercantile, on va me signifier le fatal,

Veteres migrate coloni.

Car je n'étois pas seul à jouir de cet asile, une Sœur chérie le partageoit de temps en temps; c'étoit aussi le seul asile de l'Époux de celle que j'ai perdue, M. Bergasse, dont toute la fortune réelle ne réside maintenant que dans l'illustration de son Nom. Hé bien! tôt ou tard ces dix-huit années de ma vie seront inscrites honorablement dans les annales des Sciences; dans ce moment on ne semble les compter que pour me reprocher le peu qu'elles ont produit; mais le moment de la justice viendra, et, de l'examen de ce petit nombre de productions, on cherchera à connoître si c'est de ma faute, ou celle de ceux qui m'entouroient, que leur petit nombre provient. Il me sera facile de prouver que des sommes que j'ai touchées du Trésor pour mes appointemens, pendant ce laps de temps, plus de la moitié a été consommée par les efforts que j'ai faits pour répandre les découvertes que je croyois avoir faites : cela, parce qu'au lieu d'être encouragé j'ai été contrarié de toutes les manières.

Comme je l'ai dit, dès que je me suis trouvé

fixé à la Pépinière du Roule, je me proposai d'appliquer directement ma manière d'envisager la végétation, ou ma Théorie végétale, à l'Art de la Culture. Pour y parvenir, je pensai qu'il ne falloit pas se borner à la seule observation de la Nature ; mais que de plus je devois y joindre l'étude des connoissances acquises jusqu'à ce moment. C'étoit d'abord en puisant celles qui étoient exposées dans les Livres, ensuite en m'approchant de ceux qui pouvoient les avoir mises en pratique. Depuis mon enfance j'avois eu le goût de la lecture, mais peu de moyens d'acquérir des Livres ; mais, dès que j'ai eu un local, je songeai à me composer une Bibliothèque ; et de plus, dans un but spécial. Pour y parvenir, je rachetai, à la vente de M. Lezerme, mon prédécesseur, tout ce qui s'y trouvoit, qui tînt à la Botanique et à l'Agriculture. Pour la première se trouvoit, entr'autres, les Livraisons publiées des ouvrages magnifiques qui étoient exécutés sous les auspices du gouvernement, comme les *Liliacées* de Redouté. Le prix de quelques autres m'effraya, je les laissai passer à d'autres mains ; mais j'achetai tous les corps de la bibliothèque. Ayant appris depuis que ces ouvrages étoient donnés par le ministère, par la continuation des Livraisons suivantes, qu'on me fit, je crus pouvoir demander qu'on me tînt compte des rachats que j'avais faits pour en faire les fondemens d'une Bibliothèque spéciale qui appartiendroit à l'Etablissement, afin qu'on ne fût plus dans le cas de morceler les ouvrages à chaque mutation. Je demandai que, pour y faire face, on m'accordât une somme de 1,200 fr., dont j'étais dépositaire, étant le produit de ventes faites par M. de Lézerme. On regarda, m'a-t-on dit, cette demande comme indiscrète, et on y répondit d'une manière évasive. C'est donc pour mon compte seul que j'ai continué à profiter des occasions qui se sont présentées pour augmenter ma collection ; mais, pour peu qu'on m'eût témoigné qu'on y prenoit quelqu'intérêt, en y mettant la plus grande économie possible, j'aurois cherché à compléter au moins une partie essentielle. J'en ai donné une sorte de devis sous le titre, *Bibliothèque chronologique des auteurs* (principalement français) qui ont écrit sur la culture des Arbres *fruitiers*. C'est un catalogue de trois ou quatre cents auteurs, qui termine un *Recueil de Rapports et de Mémoires sur la culture des Arbres fruitiers*, lus dans les séances particulières de la Société d'Agriculture de Paris, publié en 1815, 1 vol. in-8°, avec 8 planches. C'est là où j'ai déposé successivement les découvertes que j'ai faites sur la culture des Arbres; mais ils ont été reçus si froidement par la société à qui je les adressois, qu'aucun n'a été jugé digne d'entrer dans ses mémoires. Je l'ai fini par le plan d'un ouvrage, en 5 volumes, sous le titre de *Verger français*, dans lequel je comptois réunir tout ce qui concernoit la culture des Arbres *fruitiers*, savoir : sa Théorie, sa Pratique et son Histoire ; et, dans les différens morceaux qui composoient ce recueil, je donnois des échantillons de la manière dont je voulois traiter toutes ces parties. Il est certain que je n'ai eu ni Approbateur ni Critique, tout le monde s'est tu : il en est de même sur la suite que je lui ai donnée, par un *Mémoire sur les effets de la gelée dans les plantes*, publié en 1820. C'est en vain que j'ai voulu attirer l'attention, non-seulement des Cultivateurs, mais des Physiciens, sur un Phénomène que je vois se renouveler presque tous les ans, depuis 1813, que je l'ai observé pour la première fois : l'existence de la Glace concrète dans la substance même des parties les plus délicates des Plantes, sans qu'il en résulte le moindre inconvénient pour elles. Dans le discours préliminaire de ce petit ouvrage, j'ai rendu compte des succès que j'ai obtenus dans l'Espalier de pêchers planté en 1815, qui couvre un mur de quatorze pieds de haut, quoique pour le former j'aie été contre les principes précédemment établis. C'est donc en les mettant de côté que j'ai laissé dans leur entier les Branches principales, tant qu'elles ont eu de l'espace pour s'étendre ; que j'ai enlevé toutes celles qui ne pouvoient servir à la forme de l'Arbre, en les *ébourgeonneant*; enfin, que j'ai laissé subsister le Canal direct de la Sêve. On peut voir le résultat de ces Innovations.

Enfin, je commence à exécuter une partie du plan que j'ai tracé pour l'Histoire de la Culture, c'est en publiant la Biographie chronologique : c'est-à-dire que dans l'ouvrage complet on trouvera tout ce que j'ai pu rassembler sur les Auteurs dont le Nom paroît dans la Bibliothèque *chronologique*, et ils seront disposés dans le même ordre ; cependant les circonstances m'ont fait commencer par La Quintinye ; mais comme cette Bibliothèque est divisée en quatre époques, chacune d'elles commencera numériquement une pagination particulière ; mais ils seront réunis dans une seule, par les dates qui seront en tête de chaque page.

Ce que j'avois le plus à cœur, c'étoit l'exposition complète de ma Théorie *végétale* : je comptois l'exécuter par un Cours d'abord *verbal*. Je l'ouvris par un morceau dans lequel je passois rapidement en revue toute la Botanique; c'étoit l'Article sur ce Mot que j'avois fourni au *Dictionnaire des Sciences naturelles*, M. de Jussieu, détourné par d'autres travaux, m'ayant donné l'honorable mission de le remplacer. Là, donc, je concentrai non-seulement ce que j'avois acquis depuis vingt ans sur cette science, mais de plus ce que j'entrevoyois pour sa perfection. Si donc je m'écriois : Des Feuilles et des Bourgeons, voilà les sources de la grandeur du plus énorme Colosse de nos forêts; cela même étoit un Bourgeon qui ne devoit s'épanouir que le printemps suivant, à l'aspect de ceux du Maronnier-d'Inde; mais du premier élan il acquit tout son développement. L'année suivante, ce fut par un discours sur l'ensemble des Sciences, que je fis la seconde ouverture. Là, pour répondre au reproche qu'on fait assez communément à la Botanique de n'être qu'une Science de mots, je cherchai à prouver que toutes n'étoient qu'une disposition des matières qui en sont l'objet, telles qu'on pût aller facilement d'un Objet qu'on connoît, à son Nom qu'on ne connoît pas, ou d'un Nom qu'on connoît, à l'Objet qu'il désigne ; que pour le premier, il falloit une Méthode, pour l'autre un Dictionnaire ; ainsi, que ce dernier genre d'Ouvrage étoit aussi utile que le premier; mais pour qu'il remplît commodément ses fonctions, il falloit qu'il fût réduit à un seul volume; quand il le dépasse, c'est un ouvrage manqué. Les personnes qui, malgré l'éloignement, voulurent bien m'entendre, me parurent goûter ma manière d'expliquer la végétation; mais elles étoient en petit nombre. Elles n'étoient pas en plus grand nombre à l'Athénée, où je me transportai à deux reprises; mais c'étoit pendant le jour et au milieu de l'été, lorsque tous les autres Cours étoient terminés, que j'y parus.

Lors de la Restauration, je tentai encore de rouvrir ce Cours : ce fut par un discours sur l'Enseignement de la Botanique, dans lequel je déposai quelques-unes de mes idées sur la première Education de l'enfance. Je le terminai par une esquisse, dans laquelle, mêlant les arbres avec la Monarchie, je signalois les bienfaits de nos Rois dans les encouragemens qu'ils avoient donnés dans tous les temps à la culture des Arbres. Cette Notice n'en est qu'un développement.

Enfin, j'ai fait une dernière tentative en 1818. Depuis long-temps j'étois persuadé que le plus grand obstacle qui s'opposoit à la propagation de mes idées, c'étoit que je n'avois pas encore pu réaliser le projet que j'avois formé de les réunir dans un seul corps d'ouvrage; car elles n'étoient qu'annoncées dans mes Essais. Quand j'aurois pu les énoncer verbalement avec l'élocution la plus brillante, ce dont j'étois loin, à un nombreux auditoire, ce n'eût encore été que des paroles jetées en l'air; car mes idées étant neuves pour la plupart et exposées dans un ordre pareillement nouveau, les ouvrages précédens auroient plutôt nui que servi à ceux qui auroient voulu les consulter. J'entrepris donc de remédier à cet inconvénient ; je publiai un Prospectus dans lequel j'annonçai la publication de ce Cours, séance par séance. Je le distribuai le 16 mai 1818, que je le rouvris encore verbalement. Pour peu que j'eusse eu de l'avance et des encouragemens, je me serois engagé à faire paroître régulièrement, le jour de chaque Séance verbale, la séance précédente imprimée, en me bornant à n'en donner qu'une par semaine. Jusqu'à présent, il n'y en a eu que deux d'imprimées, avec le Discours d'ouverture ; mais, cela seul, pour des personnes non prévenues, suffiroit pour faire juger si l'ouvrage mérite d'être continué. J'ose dire que dans la seconde partie, sous le titre de Phytognomie, j'ai décrit l'extérieur des Plantes, c'est-à-dire ce qui frappe les yeux de tout le monde, de manière à présenter un ouvrage entièrement neuf, tant pour l'ensemble que pour les détails, et cela, sans qu'on puisse y trouver une seule assertion hasardée et qu'on ne soit pas forcé d'admettre, pour peu qu'on mette de côté toute prévention.

Eh bien ! la troisième, qui, sous le nom de Phytauxie, doit présenter la contre-partie de la seconde, c'est-à-dire l'intérieur de la Plante, ne contiendra de même que de simples descriptions, mais qui mèneront de conséquence en conséquence à l'établissement du Système que je proclame depuis vingt ans. Les autres Séances ne seront que des Corollaires des deux premières, et rien ne retarderoit leur publication, pour peu qu'elle fût demandée.

Mais si je suis arraché au séjour paisible dans lequel j'espérois passer le reste de mes jours, tous les moyens de compléter mes travaux vont m'être enlevés : mes Livres resteront peut-être emballés, faute d'un local ; mes Herbiers serviront de retraite à tous les rats du quartier où j'irai me réfugier ; tous mes sujets d'Observation se réduiront à quelques pots à fleurs placés sur mes fenêtres. Au moins, je gagnerai à cela que j'aurai une Excuse toute prête pour ma paresse : je pourrai rejeter sur le traitement que j'aurai éprouvé, le silence que je garderai à mon aise, pour goûter le *far niente*.

C'est au nom de l'amour de la Patrie et de la gloire de la Monarchie que je demande qu'on m'ôte cette excuse ; en voilà le moyen : On sait qu'il y a toujours un certain laps de temps entre la production d'un plan et sa mise à exécution ; qu'on me laisse donc encore jouir paisiblement de ces instans, jusqu'à ce que la Bèche et la Serpe des Jardiniers soient réellement forcés de céder la place au Pic et à la Truelle des Maçons, et qu'on me fasse acheter ce délai par l'obligation de publier mon Cours complet.

Voilà tout ce que je demande maintenant : Qu'on m'assigne un local vers le centre de la ville, où je pourrai ouvrir mon Cours verbalement, et je le bornerai à douze leçons, une par semaine. Elles me suffiront pour exposer toute ma Théorie végétale. J'y porterai tous les objets qui me seront utiles pour la démonstration. Je pourrois en surcharger la table d'exposition ; mais en cas de besoin, il me suffiroit quelquefois d'une Feuille ou d'un Morceau de bois pour prouver la solidité de mes principes. Un autre jour de la semaine, j'inviterai les Amateurs à venir à la Pépinière du Roule, suivre un autre Cours qui sera l'application de chaque Séance à la Culture des Arbres. Qu'ils y viennent, et je suis sûr qu'ils partageront mes regrets sur la destruction de cet Établissement.

Il faut remarquer ici qu'on a été indécis pour remplacer M. Thouin au Jardin des Plantes. MM. les Professeurs du Musée, par le choix qu'ils avoient présenté, paroissoient ne vouloir qu'un Professeur de Physiologie *végétale*. Cet avis a prévalu à l'Académie des Sciences; mais la nomination du Ministère a prouvé qu'il vouloit rétablir une Chaire de Culture. Ce n'est pas que celui qui s'en trouve pourvu, se croie étranger à la Physiologie végétale; les nombreux Articles qu'il a fournis à de *volumineux* Dictionnaires en sont la preuve; mais il n'a fait autre chose que de mettre en œuvre les anciennes Doctrines. Ce ne sont, suivant moi, que de vieux Préjugés qu'il a voulu maintenir contre mes assertions, qu'à son tour il traite de Paradoxe : Voilà, certes, une occasion qui se présente pour juger qui de nous deux a raison.

C'est donc quelques momens de répit que je demande pour perfectionner mes travaux : serai-je plus heureux que Lavoisier? On sait que ce fut en vain qu'il demanda quelques jours pour terminer ses grandes découvertes.... Voilà, dira-t-on encore, une nouvelle bouffée d'amour-propre : oser me comparer à Lavoisier! Pourquoi non? Je ne prétends pas établir de comparaison entre son mérite scientifique et le mien ; mais peut-être pourroit-elle se soutenir entre l'importance et l'utilité de nos découvertes respectives ; mais ce qui met une grande différence entre nous deux, c'est la Position où nous nous sommes trouvés. Il a toujours fait ses recherches *magnâ comitante catervâ* : au dehors, de tous les points de l'Europe, on coopéroit avec lui ; à l'intérieur, il étoit *Fermier Général*, ayant, par conséquent, des moyens puissans de réunir autour de lui de zélés Collaborateurs. On m'a laissé sur lui le triste avantage d'avoir marché toujours seul, et je dirai donc avec le grand Corneille :

Je ne dois qu'à moi seul toute ma renommée.

POST-SCRIPTUM.

C'est sous tous les rapports que je me suis vu obligé de marcher seul. Comment se fait-il que, sociable par caractère, je me trouve ainsi toujours isolé ? Voilà six mois que je suis menacé de l'événement le plus désagréable que j'aie éprouvé de ma vie, et c'est par la rumeur publique que j'ai appris l'existence de la Pétition qui menace depuis ce temps ma tranquillité future. J'en ai fait part à ceux qui devoient y porter quelqu'intérêt : on m'a dit que je pouvois être en repos ; que de ces démarches il ne résulteroit rien. La Pétition a toujours marché son train : on a parlé des personnages illustres qui l'appuyoient ; on m'a encore dit : Il ne faut pas vous inquiéter ; ils sont loin de vouloir la destruction de la Pépinière, ils ne veulent qu'un Marché. La Pétition a été présentée aux autorités compétentes, et il ne s'est trouvé personne qui ait jugé à propos de me la communiquer. C'est par hasard que j'ai vu le supplément qu'on lui a donné, et j'ai trouvé, comme je m'en doutois, qu'elle ne contenoit que des documens faux. C'est encore par hasard que, lundi, 14 février, j'ai appris qu'elle étoit imprimée ; cela, parce qu'on en avoit vu l'annonce dans le Journal de la Librairie ; mais on ne put me donner d'autres renseignemens, pas même le nom de l'Imprimeur. Je cherche à consulter ce Journal, le numéro manquoit. Je vais au Bureau de la Librairie de la Police ; là, on me dit que les exemplaires déposés sont remis à la Bibliothèque du Roi. Ce n'est que le vendredi, 18, que je peux enfin lire cet instrument de ma ruine ; et, quand je n'en ai plus besoin, une personne officieuse me remet un exemplaire qu'elle a acheté sur le quai. J'ai donc pu contenter ma curiosité, et je retrouve dans cet écrit les mêmes faussetés que j'ai signalées dans cette Notice. Je suis prêt à tout événement ; mais mon honneur me fait un devoir de mettre au grand jour, d'une manière plus solide, toutes les manœuvres perfides qu'on a mises en usage pour opérer la ruine d'un Établissement si honorable pour la Monarchie.

Imprimerie de GUEFFIER, rue Guénégaud, n° 31.

COMPLÉMENT

DE

LA NOTICE

SUR LA PÉPINIÈRE DU ROI AU ROULE.

PAR LE CH^{er}. AUBERT DU PETIT-THOUARS,

Membre de l'Académie Royale des Sciences.

Il existe par la Pépinière du Rœule. Ce Monarque la détacha de son propre domaine, il y a plus de soixante ans, pour la consacrer à l'utilité publique, en répandant sur le sol de la France les Arbres étrangers. Il en confia la direction à l'Abbé Nolin; à son décès, il se trouva remplacé par son Neveu, Monsieur Lezermes, et c'étoit au plus fort de la tourmente révolutionnaire; mais, grâce à ses soins, il la préserva de la destruction qui étoit alors vouée à tout ce qui étoit bon et honorable : elle continua donc à remplir les intentions de son fondateur. Il y a vingt ans qu'il fut enlevé lui-même, et je fus appelé par l'amitié pour venir continuer sa Conservation. J'y trouvai un asile où je pus déposer le fruit de dix ans d'un Voyage entrepris sous les auspices de Sa Majesté Louis XVI, d'abord avec un de mes Frères, dont le nom, par sa fin glorieuse, appartient maintenant à l'histoire. J'y trouvai aussi une occasion favorable pour continuer les travaux que j'avois commencés pour reconnoître les causes de la Végétation. J'appelai le public pour le rendre témoin dans un Cours gratuit, des découvertes que je faisois tous les jours.

Je l'ouvris en 1810 : j'osai, à cette époque, en prononçant le nom du fondateur de cet Etablissement, avec les éloges qu'il méritoit, attirer sur lui la reconnoissance des Auditeurs. Mais, au mois de Mai 1814, je pus me livrer aux sentiments que j'éprouvois, et je traçai d'inspiration l'esquisse d'un tableau dans lequel entrelaçant les Arbres et la Monarchie, je rendis un compte sommaire des services que nos Souverains avoient rendus dans tous les tems à l'une des principales branches de l'Agriculture, la multiplication des Arbres. Il fait partie du Recueil dont je prie Votre Majesté de daigner accepter l'hommage. C'est un léger préambule de l'ouvrage que je voudrois exécuter plus en grand. Ce seroit la manifestation complète de tous les matériaux que j'ai recueillis à l'ombre des Arbres plantés pour remplir les vœux éclairés de Louis-le-Bien-Aimé: si je peux parvenir, en les employant dans le Cours de Phythologie dont j'ai commencé la publication, je croirai avoir contribué pour quelque chose à l'illustration du Règne de Votre Majesté. Ce sera donc le produit d'un séjour dans cet Etablissement qui se prolonge depuis vingt ans; mais c'est un intérêt particulier qui n'est rien en comparaison du service plus important qu'il a rendu depuis sa création: c'est grâce à lui que les Arbres les plus curieux sont venus enrichir le sol de la France; d'un autre côté, à raison de cette multiplication et de l'appauvrissement que son sol lui-même a subi, il ne paroît plus susceptible du même degré d'utilité. Cependant qu'un regard de Votre Majesté daigne s'y arrêter, il pourroit encore reprendre quelque chose de son ancienne splendeur. Il est donc encore des moyens de le rendre utile à l'Agriculture; mais quand on n'y parviendroit pas, faudroit-il réaliser, sous le Règne paternel de Votre Majesté, la destruction dont la Révolution le menaçoit. Au surplus, c'est de vous seul, Sire, que doit dépendre sa destinée future, puisque c'est votre Héritage: je me borne à présenter une considération qui sera sûrement d'un grand poids auprès de Votre Majesté. C'est le seul Monument qui, dans la Capitale, puisse rappeler la mémoire de Louis-le-Bien-Aimé; il rappelle donc en même tems que c'est sous son Règne qu'on vit également prospérer les Colonies, le Commerce et l'Agriculture; l'Agriculture, Sire, pour qui vous témoignez dans toutes les circonstances une prédilection particulière : c'est donc en son nom que je forme le vœu du maintien de votre Pépinière du Roule. J'oserai en émettre un autre, ce seroit de rester chargé de sa Conservation d'après un titre émané de la bouche même de Votre Majesté : ce seroit la plus digne récompense des sentiments que j'ai manifestés dans tous les tems et dans toutes les circonstances.

Je suis avec le plus profond respect,

ire,

DE VOTRE MAJESTÉ,

Le très-humble, très-obéissant et très-fidèle Sujet et Serviteur.

AUBERT DU PETIT-THOUARS.

CHEVALIER DE L'ORDRE ROYAL ET MILITAIRE DE SAINT-LOUIS,
MEMBRE DE L'ACADÉMIE ROYALE DES SCIENCES.

Paris, le 27 Décembre 1826.

MONSIEUR,

J'ai rendu compte au Roi des titres que vous vous êtes acquis à la bienveillance du gouvernement, tant par vos travaux dans la carrière des sciences que par le zèle avec lequel vous avez rempli la place de directeur de la Pépinière du Roule, dont les fonctions expirent en ce moment ; et j'ai l'honneur de vous prévenir que Sa Majesté, voulant vous offrir un dédommagement digne de vos anciens services et de vos honorables sentiments, vous a, par décision royale du 24 de ce mois, accordé une somme annuelle de 3,600 fr. sur les fonds de mon département destinés à l'encouragement des sciences et des lettres.

Je me félicite d'avoir à vous faire part de cet acte de la munificence royale, et vous invite à en suivre l'effet auprès de la division de comptabilité de mes bureaux.

Agréez, Monsieur, l'assurance de ma considération distinguée,

Le Ministre secrétaire d'état de l'intérieur,

CORBIÈRES.

Paris, le 27 Décembre 1826.

MONSIEUR,

Une ordonnance du Roi, en date du 24 de ce mois, supprime, à partir du 1er janvier 1827, la Pépinière du Roule, et met à la disposition du Ministre des finances les Terrains et Bâtiments qui en dépendent. Cet Établissement, après avoir rendu des services réels à l'économie rurale de la France, dans les premiers temps de sa formation, étoit devenu, depuis plusieurs années, inutile et onéreux à l'Administration, par l'effet de la multiplication des établissements particuliers du même genre, qu'il avoit contribué à faire naître. Un tel état de choses en rendoit la suppression nécessaire.

Une lettre, jointe à celle-ci, vous informe, Monsieur, de la décision bienveillante de Sa Majesté, en votre faveur. Je vous ferai connoître prochainement les dispositions que nécessitera l'exécution de l'ordonnance du Roi.

Recevez, Monsieur, l'assurance de ma considération la plus distinguée.

Le Conseiller d'état, directeur,

SYRIEYS DE MAYRINHAC.

Paris, le 30 Décembre 1826.

MONSIEUR,

Par suite de la suppression de la Pépinière du Roule, dont il vous a été donné avis, tous les travaux de culture doivent cesser à compter du 1er janvier 1827. Les autres dépenses, soit de garde, soit d'entretien, qui pourront être nécessaires, seront, à partir de la même époque, étrangères au ministère de l'intérieur, et devront être supportées par celui des finances, auquel l'ordonnance du Roi attribue l'administration des terrains et bâtiments dépendants de la Pépinière; elles ne pourront être faites sans l'autorisation du ministre de ce département, dont, à ce sujet, vous aurez à demander ou à attendre les ordres.

D'après l'idée favorable que j'ai conçue du zèle et de l'intelligence du premier Jardinier de la Pépinière supprimée, je viens de le recommander à M. Hervy, directeur de celle du Luxembourg, pour la première place de ce genre qui viendroit à vaquer dans cet établissement; il fera bien de se présenter incessamment à M. Hervy.

Recevez, Monsieur, l'assurance de ma considération distinguée.

Pour le Ministre,
Le Conseiller d'état, directeur,

SYRIEYS DE MAYRINHAC.

Imprimerie de FIRMIN DIDOT,
Imprimeur du Roi, rue Jacob, n° 24.

RÉSULTATS

DE CES QUATRE MORCEAUX.

Les quatre pièces que je présente ici ont consommé la destruction de la Pépinière du Roi au Roule ; elles forment donc un complément à la *Notice historique* que j'ai publiée sur cet Établissement. Le rapprochement de leur date suffit pour indiquer leur connexion. Je vais exposer brièvement les circonstances qui les ont amenées. Comme je l'ai dit dans cette Notice, c'est le 10 mai 1827 seulement que j'ai pu prendre connoissance du Rapport du Budget, fait huit jours auparavant, qui annonçoit cette destruction en ces termes :

« Un projet existe de céder par voie d'échange, » à la Chambre des Pairs, le terrain de la Pépinière » du Luxembourg, et de vendre celui de la Pépinière » du Roule. »

Pour la défendre de cette attaque, je me hâtai d'ajouter un Supplément à la Notice. Je croyois que ce seroit un objet de discussion lorsque cet article reparoîtroit dans les débats que devoit entraîner l'admission définitive du Budget ; mais on se rappelle avec quelle rapidité il fut expédié, et le mot de Pépinière n'y fut pas prononcé. On m'en félicita, attendu, disoit-on, que l'Établissement avoit encore une année au moins d'existence, puisqu'on ne pouvoit l'aliéner sans l'émission d'une loi expresse, et que cela ne pourroit avoir lieu que dans la session prochaine. C'étoit un délai, mais il étoit loin de me rendre la tranquillité; aussi, lorsque Son Excellence M. le comte de Villèle, au commencement de l'hiver, eut repris ses soirées de réception, m'y étant présenté, je répondis à la question affectueuse qu'il me fit : Comment vous portez-vous ?—Comme Damoclès ayant une épée nue suspendue sur la tête; il répliqua sur-le-champ : *Oh! elle ne tombera pas, vous ne devez pas la craindre.* Je ne vous en demande pas davantage, Monseigneur, je me retire. Malgré cela, je ne voyois de motif d'espérance que dans cet adage éminemment français : *Si le Roi le savoit.* J'avois donc plus que jamais le désir d'être présenté à Sa Majesté d'une manière spéciale; mais il falloit solliciter l'honneur de cette admission, et le temps s'écouloit. Au défaut d'une occasion particulière, j'en saisis une plus générale. Le Président de l'Académie des Sciences ayant annoncé à la compagnie qu'un nouveau volume de ses Mémoires étant imprimé il avoit demandé la permission de le présenter au Roi, et qu'ainsi les membres qui désireroient faire partie de la députation qui devoit l'accompagner n'avoient qu'à se nommer, afin qu'on les avertît à temps du jour qu'on seroit reçu ; alors je pris la résolution d'exécuter ce que je projetois depuis la rentrée des Bourbons. J'avois donc préparé depuis long-temps l'Adresse par laquelle je voulois révéler au Roi la continuation d'un bienfait de son Aïeul; mais les circonstances firent que je ne fus prévenu que le 19 décembre, à neuf heures du matin seulement, que nous serions reçus ce jour même à onze heures; en sorte que je n'eus pas le temps d'achever une copie de cette Adresse. Admis en présence du Monarque, lorsque l'offrande du volume de l'Académie fut faite, je pris la hardiesse de présenter le mien à Sa Majesté; mais, réduit à exposer verbalement la substance de ce que j'avois préparé, et certainement, quand l'émotion que j'éprouvois m'eût laissé la liberté de m'exprimer, je n'eusse pu donner qu'une idée très-imparfaite de l'objet de ma demande.

On ne peut douter que, dès l'instant que nous nous fûmes retirés, Sa Majesté demanda des renseignemens sur l'Auteur du petit livre qui lui restoit entre les mains. Personne ne devoit être plus en état de le satisfaire sur ce point que Son Excellence le Ministre de l'Intérieur : il avoit été notre introducteur. De quelle nature étoient-ils? On ne peut que le présumer, d'après les résultats qui ne tardèrent pas à suivre précipitamment : ce sont les trois lettres ci-jointes.

Le lendemain 20, m'étant présenté à la réception de M. le comte de Corbière, il m'aborda d'un air très-bienveillant, et me tirant en particulier, il me dit que c'étoit avec peine qu'il m'apprenoit que l'Établissement que je dirigeois ne pouvant plus rendre les services auxquels il étoit destiné, alloit être supprimé ; mais que cela n'auroit pas lieu sans qu'on me dédommageât pleinement. Hé! Monseigneur, lui répondis-je, comment se fait-il que, depuis deux ans qu'on médite cette ruine, ce soit la première fois qu'on m'en parle ouvertement? mais au milieu de tant de personnes qui aspirent au moment de vous entretenir, je ne pourrois avoir d'explication avec vous sur ce sujet; daignez m'accorder une audience particulière. Il éluda la réponse en se dirigeant vers une autre personne. Ce fut donc le 24 décembre qu'il fit signer à Sa Majesté une ordonnance de suppression, et ce fut le 27 qu'elle me fut signifiée. Il est évident que c'étoit le résultat des renseignemens que Son Excellence dut donner à Sa Majesté sur les paroles que je lui avois adressées et le petit livre que je lui avois remis. On ne peut douter que les impressions transmises furent favorables quant à ma personne; mais il n'en fut pas de même pour la Pépinière : elle fut représentée comme une charge inutile à l'État, en sorte que Sa Majesté dut croire satisfaire à-la-fois à sa bienfaisance naturelle et à son amour éclairé pour ses sujets, en m'accordant pour retraite mes appointemens, et en annulant une dépense inutile. Je dois donc me féliciter de cet acte de la munificence royale. En ce cas, c'étoit donc bien vrai que, comme je le dis dans le Supplément à ma Notice, pag. 61, le projet du Ministère étoit de me renvoyer sans aucune indemnité? On me l'a encore notifié verbalement d'une manière assez crue. Il paroît que c'est aussi le sentiment de Son Excellence M. le comte de Villèle, car, dans sa soirée de réception qui suivit cette catastrophe, l'ayant abordé en lui disant : L'Épée est tombée ! Oh ! mais cela ne vous touche pas, répondit il. Comment cela ne me touche pas! J'avois le Vivre et le Couvert : le Vivre seul me restera, il me faudra prendre dessus le Couvert. Eh bien ! oui ; malgré cela, je dois me féliciter de la bienveillance de Sa Majesté, car on m'a bien prouvé que jusque-là on ne me regardoit que comme un simple ouvrier qu'on payoit à raison du temps qu'on l'employoit, au lieu que maintenant c'est un salaire honorable que je reçois pour mes *travaux dans la carrière des Sciences*. Pour le *Couvert*, je le regardois bien comme dérivant de la munificence royale.

Mais quand devois-je l'abandonner? Le plus profond silence est gardé sur cet article, et il paroît qu'au fond on ne vouloit m'accorder qu'un délai fort court ; c'est ce que démontre l'empressement qu'on exprime pour faire placer *incessamment* le premier Jardinier de la Pépinière. C'est le seul des Ouvriers qui ait des gages fixes ; les autres ne sont que des journaliers. C'est le seul aussi qui ait un logement dans l'Orangerie ; celle-ci occupe une partie séparée par la rue de Courcelle du logis principal, situé sur la rue du Roule. Si donc il eût trouvé à remplir tout de suite le vœu exprimé de sa prompte retraite, cette partie auroit été totalement abandonnée.

On remarquera aussi que le Ministre de l'Intérieur, abandonnant expressément la Pépinière du Roule, met à la disposition du Ministre des Finances les terrains et bâtimens qui en dépendent. On ne fait nulle mention des Arbres qui s'y trouvoient : que devoient-ils devenir?

Il en est de même des Orangers qui étoient venus des Tuileries jouir de l'abri qui leur avoit été ménagé depuis Louis XV ; cela avoit lieu au moins depuis vingt ans, car depuis ce temps ils avoient été confiés à ma garde. Prenant alors conseil des circonstances, je jugeai que, quoique rejeté par un Ministre, je n'en restois pas moins, de fait, le Conservateur d'une propriété royale. Je n'en avois pas expressément le titre, mais que falloit-il pour l'obtenir? Que cela seulement : qu'à tel moment qui, depuis celui de la Restauration, se fût présenté, jusqu'à ce jour fatal du 19 décembre 1826, un véritable ami du Trône et de sa Splendeur m'eût servi d'Introducteur ; qu'il eût d'avance prononcé mon nom et exposé l'objet de ma demande à Sa

Majesté ; sûrement qu'alors mes paroles n'eussent point été perdues.

Au lieu de cela, ces paroles n'ont servi qu'à hâter ma ruine. Pour obtenir quelque délai, je n'ai eu d'autre ressource que de me réfugier moi-même à l'abri de ces Arbres ; et ils sont hospitaliers, car plus d'une fois j'ai vu des Oiseaux confians, comme des Fauvettes et des Merles, venir déposer dans leur feuillage éternel leurs nichées, comme s'ils eussent été en plein air. Nécessairement, mon séjour à la Pépinière du Roi doit y être aussi prolongé que celui de ces Arbres : mais mon sort sera-t-il aussi définitivement attaché à leur présence que celui des Hamadriades l'étoit à la destinée du Chêne qui les avoit vues naître ? Jusqu'à présent on me le laisse ignorer, car je n'ai pas encore reçu de réponse à la Lettre suivante, que j'ai adressée à Son Exc. le Ministre des Finances.

MONSEIGNEUR,

L'épée qui me menaçoit depuis deux ans est tombée, et elle m'arrache d'un séjour où je trouvois une agréable existence depuis vingt ans. Une Fondation royale, le seul monument qui rappelle dans la Capitale la mémoire de Louis XV, est condamné à une destruction qu'il avoit évitée pendant la Révolution : du moins c'est ce que dit l'Arrêt de cette destruction, prononcé à la tribune l'année dernière : *La Pépinière du Roule sera vendue.* Pourquoi le seroit-elle dans un moment où vous annoncez à la France la plus grande prospérité dans les Finances ? Son Excellence le Ministre de l'Intérieur ne voulant plus se charger des frais de cet Établissement, me déclare qu'à partir de la fin de l'année 1826 mes fonctions de Directeur cessent, et toutes les autres dépenses qu'il entraîne sont supprimées ; mais il m'annonce que, par une grâce spéciale de Sa Majesté, j'obtiens pour retraite mes appointemens de 3600 fr. Si la dépense monte à-peu-près à 9000 fr., c'est donc une économie de 5400 fr. sur son budget, et l'Etablissement doit être remis à votre disposition ; mais que va-t-il devenir jusqu'au moment que vous pourrez réellement en disposer ? C'est le 27 qu'on me prononce cette sentence sans le moindre préliminaire, et elle doit avoir son exécution le 31 décembre. M. de Siricys de Mérinhac me dit bien qu'il me fera connoître les dispositions que nécessite l'Ordonnance du Roi, qui est du 24 du même mois (1), et rien ne m'est encore parvenu ; j'ai donc été obligé d'agir de mon chef.

Je me suis trouvé avoir six personnes à maintenir provisoirement : d'abord les unes comme absolument nécessaires, les autres comme ne pouvant les renvoyer dans une saison aussi rigoureuse, quand ils ne peuvent espérer de se placer. Pour la nécessité, il se présente d'abord la garde et surveillance des deux bâtimens séparés par la rue de Courcelle. Le premier est la Maison située sur la rue du Roule. Le Portier ne doit-il pas y continuer ses soins jusqu'à ce que, par une autre destination, on lui ait donné un successeur? Le second est l'Orangerie. Cette Orangerie, bâtie depuis 1741, reçoit tous les ans vingt-deux Orangers des Tuileries ; ainsi elle continue sans interruption à remplir sa destination, ce qui démontre évidemment que c'est une dépendance de l'Habitation royale. Outre les soins que demandent ces Arbres précieux, il est nécessaire que deux personnes au moins surveillent pendant la nuit les déprédations qu'on pourroit tenter : c'est un endroit très-retiré, et qui souvent même pendant l'été est menacé par les malfaiteurs; de plus, comme il se trouve d'autres Arbustes qui dépendent de l'Etablissement, on ne peut songer à s'en défaire que lorsque la saison permettra de les sortir. Parmi ces jardiniers, se trouve d'abord celui qui est en chef, jeune homme très-zélé et instruit ; ensuite vient un homme très-pratique dans sa partie, âgé de soixante-dix ans, qui depuis trente-deux ans est employé dans la Pépinière, et pour qui j'ai appuyé une demande qu'il faisoit à Son Excellence le Ministre de l'Intérieur pour obtenir une pension de retraite. Il se trouve ensuite un jeune homme qui est venu presque enfant de la Lorraine, qui m'a été recommandé particulièrement ; il m'a confirmé

---

(1) Je me trompois : c'étoit l'objet de la seconde lettre de M. de Siricys de Mérinhac, du 30 décembre.

dans l'idée qu'il seroit fort avantageux d'avoir des Elèves faciles à diriger. Comme je l'ai dit, cet Etablissement pourroit être non-seulement une Pépinière d'Arbres, mais même de Jardiniers. J'en pourrois citer plusieurs exemples. Les deux autres ouvriers sont déjà depuis quelque temps attachés à la Pépinière : ils peuvent être encore utiles, puisqu'il nous reste encore des levées d'Arbres à faire et qui ont été commandées. Nous avons encore des Semis qui sont de la plus belle espérance. C'est au moment où, plus maître de disposer les travaux, je voyois que rien n'étoit plus facile que de renouveler la prospérité de cet Établissement. Comme je l'ai dit, avec quelques encouragemens je pouvois le rendre utile sous beaucoup de rapports : mais sa destruction est prononcée ! Quel est le moment où elle aura lieu ? Comme on le voit, ce ne peut être avant le mois de juin, puisque ce ne sera que vers la mi-mai que les Orangers iront reprendre leur place aux Tuileries. Mais alors les Graines qui ont été confiées à la terre lorsqu'on ne croyoit pas cette destruction si prochaine reparoîtront ; en même temps l'Espalier de Pêchers sera dans un état convenable pour déterminer l'utilité du nouveau mode de culture que j'ai employé. C'est donc une expérience de douze années qui pourra être utile à la culture des Arbres fruitiers. Avec la maturité des fruits arrivera l'époque où se fera l'Exposition des Produits de l'Industrie. C'est alors le cas de rappeler ce que j'ai dit dans la Notice : Pourquoi sommes-nous privés d'une Exposition des Produits de la Culture, où tous les Jardiniers et Pépiniéristes seront engagés à produire en public ce qu'ils ont de plus curieux ? L'Orangerie de la Pépinière du Roule est des mieux disposées pour la recevoir. Comme je l'ai dit, ce seroit à la Saint-Fiacre, vers la fin d'août, qu'elle pourroit avoir lieu, ou même vers la Saint-Louis. Cette fête ne pourroit-elle pas être, comme je l'ai dit, sous la protection immédiate de nos deux augustes Princesses ? Toutes les deux aiment la culture des Arbres et des Fleurs. Voilà donc comment la Pépinière et son Orangerie peuvent dédommager de leur manutention. Mais la Maison de la rue du faubourg du Roule, quelle est son utilité ? Je vous y ai vu venir, Monseigneur, avec M. le comte de Corbière, pour voir M. Bergasse mon beau-frère. Lorsque je vous ai vus depuis arriver tous les deux au Ministère, je me félicitois d'avoir en vous un appui, pour obtenir plus de fixité dans ma position. J'espérois donc que je coulerois tranquillement le reste de mes jours dans cette retraite. Là, se trouvent déposés les matériaux que j'ai rapportés de mon voyage ; là, se trouvent les Plantes que j'ai recueillies pendant le séjour de trois ans et demi que nous avons joui ensemble de l'hospitalité patriarcale de Bourbon, et de quelques momens heureux au milieu des troubles qui nous entouroient. Quelques paroles d'encouragement de votre part et de votre famille, j'aurois complété l'histoire des Plantes qui décorent votre patrie d'adoption ; j'en avois offert une esquisse à madame de Villèle dans l'Histoire des Orchidées. C'est dans cette même retraite que j'ai réuni les livres qui doivent servir de fondement à l'Histoire des Agronomes et des Botanistes. Mais c'est là sur-tout que j'ai réuni les preuves les plus convaincantes de la vérité de l'explication des causes de la Végétation. Ce sont donc les bases du Cours que j'ai tenté à plusieurs reprises d'établir à la Pépinière. Le point d'où je pars est si clair, et l'enchaînement des Phénomènes qui conduit si naturellement à les expliquer l'un par l'autre est si naturel, que la science qui en résulte peut être comprise par les personnes les moins instruites. Je peux donc la mettre à la portée des simples Jardiniers ; elle pourroit de même servir à l'instruction de tous ceux qui sont employés dans les Eaux et Forêts. C'est une branche d'administration des plus importantes, et que l'on cultive avec tout le soin qu'elle mérite. Mais ici, Monseigneur, faites attention que, pour sa Pratique et sa Théorie, cette portion essentielle d'Agriculture auroit besoin d'un centre qui pourroit concourir à la perfection de toutes ses parties. Ne pourroit-il pas exister dans cette Pépinière si discréditée ? Son sol est usé, dit-on ; cependant, comme je l'ai dit, les Semis y réussissent encore très-bien. Pour les autres plantations, c'est là où l'on peut tenter des expériences pour découvrir par quel moyen on peut corriger les vices du sol. Mais tel appauvri qu'on représente celui de la Pépinière du Roule, il produit encore des Arbres d'un accroissement assez rapide pour démontrer qu'en cas de besoin il pourroit encore donner un produit assez considérable. Il est certain que quelques-uns des Arbres isolés qu'on y a laissé croître sont des plus beaux de leur espèce, notamment un Noyer d'Amérique, qui tous les ans donne assez de noix pour couvrir quelques arpens. C'est encore là un produit de la Pépinière qui milite en faveur de sa conservation; du moins les Bourgeons qui les couvrent promettent une récolte abondante pour cette année: la laisserez-vous détruire par la hache de quelques spéculateurs? Si vous étiez pressé d'effectuer cette destruction, accordez au moins que les Arbres qui existent servent encore à la Science, afin qu'en les abattant on puisse au moins constater les phases de leur croissance. Et cet Espalier de Pistachiers, qui depuis plus d'un demi-siècle brave les hivers, que va-t-il devenir? Au moins que cette année nous puissions encore, suivant notre usage, en tirer encore quelques individus par la Greffe en approche! Voilà donc les avantages qu'on peut encore retirer de la Pépinière du Roule. Non, disent les Spéculateurs, *elle doit être vendue.* Peut-être que, lorsque dans l'effervescence les terrains étoient exagérés comme les espérances qu'ils concevoient, auroit-elle pu rapporter quelque cent mille francs; mais à présent ce ne sera qu'une goutte d'eau dans le Budget. Mais qu'est-ce que ces minuties pour l'homme d'Etat? ce n'est point au moment présent qu'il songe, c'est la postérité seule qu'il contemple; il sait qu'elle lui tiendra plus de compte d'avoir obéi à un sentiment de convenance que d'avoir exécuté une économie obscure.

J'ai l'honneur d'être, avec le plus profond respect,

Votre dévoué serviteur;

AUBERT DU PETIT-THOUARS.

Paris, ce 5 février 1827.

Post-Scriptum. Au moment où je signois cette copie, quelqu'un se présente dans mon appartement, et me dit qu'il vient prendre connoissance des lieux, parce qu'en sa qualité de receveur particulier du domaine pour le 1er. arrondissement, il est chargé de prendre possession de l'Établissement et d'y placer un Gardien : « Quoi! lui dis-je, on me mettroit si tôt dans la rue?.... — Oh! non, *on vous donne du temps.* » Mais quel temps?...

il n'a pu ou n'a pas voulu me donner de réponse positive sur ce point. La force des choses répond pour lui.

Quoique séparé en deux par la rue de Courcelles, l'Établissement n'en fait qu'un; on ne peut donc disposer d'une partie sans l'autre. Si vous croyez pouvoir disposer du terrain, vous ne pouvez disposer des Orangers du Roi, qui s'y trouvent; ils occupent un bâtiment construit exprès pour eux vers 1740, où ils viennent chercher un refuge pendant l'hiver. Il faut donc, pour qu'ils le quittent, qu'ils n'aient plus rien à craindre du froid, et c'est vers la mi-mai que cela peut avoir lieu : jusque-là, il faut qu'ils soient soignés et gardés. Il en est de même des Arbustes appartenant à l'Etablissement, parmi lesquels se trouvent des souches importantes qui datent de sa fondation. Le premier Jardinier, et un second, qui s'y trouvent logés, en sont donc les Gardiens naturels. Quant à la maison, où pourroit-on trouver un Gardien plus convenable que le Concierge, qui, de père en fils, s'y trouve établi depuis trente années ? C'est un ancien militaire qui a mérité la décoration de la Légion-d'Honneur. Ce n'est donc point une grâce que je demande dans la faculté de rester jusqu'au mois de juin; car c'est un devoir et une obligation de ma part : par-là, je compléterois donc les vingt années de séjour dans cet asile. Mais je regarderois comme une faveur, si l'on m'accordoit d'y rester jusqu'à ce que j'y eusse encore vu s'écouler la révolution complète des saisons.

Effectivement, le mois de janvier s'étoit passé sans que personne vînt s'informer de ce qui se passoit à la Pépinière du Roule. Le 3 février, un Monsieur qui m'étoit inconnu se présente d'une manière très-honnête, et il m'apprend qu'il est envoyé par l'administration du domaine pour prendre connoissance des lieux, et qu'il viendra prendre possession le lundi suivant.. « Comment ! lui dis-je, on vient déjà me jeter dans la rue... — Oh ! me répondit-il d'un ton radouci, dans cette saison ce seroit trop dur... Mais... » Alors, je lus

sur sa physionomie le vers entier de Molière :
<blockquote>On vous donne du temps, et jusques à demain.</blockquote>
La suite m'a fait voir que je ne m'étois pas trompé.

Il ne manqua pas de revenir le lundi matin, mais alors en compagnie : ils étoient cinq, dont un Architecte. Je crus d'abord que ce n'étoit qu'une simple formalité qu'ils venoient remplir. Je leur donnai bonnement tous les renseignemens qu'ils me demandèrent ; mais je vis croître insensiblement les prétentions, et ils parloient entr'autres d'établir un Gardien ; mais je ne crus pas que ce fût pour le jour même, en sorte que je les quittai pour me rendre à l'Académie ; et le soir en rentrant, je trouvai le Gardien établi, et j'appris que ces Messieurs n'étant pas contens du logement qu'on proposoit pour lui, vinrent pour en chercher un plus convenable jusques dans l'appartement de ma Sœur, et, elle présente, ils trouvèrent que c'étoit là la place qui convenoit à leur Gardien. Ils voulurent bien se contenter de deux autres pièces qu'on leur proposa ; mais dès que j'avois été parti, ils témoignèrent, dans toutes les rencontres, soit au Concierge, soit aux Jardiniers, l'étonnement où ils étoient de les rencontrer, car ils s'attendoient à trouver Maison *nette*. C'étoit donc bien là le sens de la lettre du 30 décembre au pied de la lettre. Arbres de pleine-terre et Orangers, tout devoit être abandonné depuis trente-cinq jours. Je trouvai donc établi dans mon logement un Surveillant, qui avoit l'ordre notifié à mes Jardiniers de ne rien laisser sortir sans qu'il en fût prévenu. Il resta seul jusqu'au jeudi, qu'ils revinrent tous. C'étoit au moment où j'étois sorti. Ils se firent ouvrir l'Orangerie, et ils commencèrent à faire un relevé de ce qui s'y trouvoit.

A mon retour, je témoignai le regret que j'avois qu'on les eût laissé entrer dans l'Orangerie (1).

Le soir, je me rendis à la réception de Son Excellence M. le comte de Villèle, et au milieu de son salon je me plaignis hautement de la manière indigne dont j'étois traité ; il témoigna beaucoup de regret de ce qui s'étoit passé, et il me promit qu'il mettroit tous ses soins pour que je fusse traité convenablement. Le lendemain, les Agens revinrent pour continuer leur revue : et sur ce qu'on leur dit que j'avois la clef de l'Orangerie, ils vinrent me la demander ; je leur répondis qu'ils ne l'auroient pas, que j'étois très-fâché qu'on les eût laissé entrer la veille, parce que ce lieu étoit sous la sauvegarde du Roi, qu'au moins tant que ses Orangers y seraient déposés tout ce qui les environnoit devoit être respecté. Ils employèrent toute leur éloquence pour me démontrer le droit qu'ils avoient, et ils finirent par des menaces, et je répondis toujours de la même manière. Enfin ils me dirent : Tout cela ne sont que des paroles ; écririez-vous ce que vous venez de nous dire ? Sûrement, leur répondis-je ; et je fis sur-le-champ une protestation contre tout ce qu'ils avoient fait, que je leur remis. Ce ne fut pas sans que de temps en temps ils ne se permissent des expressions déplacées ; entre autres, l'un d'eux s'avisa de me dire que ma conduite était

---

(1) Il faut le dire ici : J'ai jugé ces Agens sur le déplaisir que me faisoit éprouver leur Mission ; mais au fond ils obéissoient aux ordres de leurs Supérieurs : moi, de mon côté, j'ai cru devoir leur résister par un droit que je crois encore légitime ; nous nous sommes donc vus réciproquement sous un jour défavorable ; mais cela ne doit pas s'étendre au-delà du sujet qui nous a mis en opposition. Tout m'a prouvé que dans l'administration des Domaines on s'est intéressé à ma position. Le Directeur lui-même l' a témoigné dès le commencement de la manière la plus franch

bien ridicule. Alors je fis approcher mes Jardiniers afin de pouvoir, en cas de besoin, constater les manques d'égards qu'ils oseroient encore se permettre. Mais tout se passa plus honnêtement, même la plaisanterie s'en mêla. A la sortie de la Pépinière, comme ils m'invitoient à passer le premier : Passez, Messieurs, leur dis-je, je suis encore chez moi. C'est bien fort ! répartit le chef; et il passa.

Ils revinrent à la charge le lendemain; je leur parlai toujours dans le même sens : Mais, me dirent-ils, vous ne reconnoissez donc aucune autorité ? Si, repris-je. Un Ministre, pour se débarrasser de cet Établissement, l'a jeté dans le département d'un autre; c'est de celui-ci que je dépends maintenant. Dès que j'aurai un ordre signé de lui, je me soumettrai à tous ses subordonnés. Justement je viens de recevoir une lettre de M. de Renneville, son Secrétaire intime, qui m'invite à passer chez lui.

C'étoit pour avoir des explications sur la lettre que j'avois écrite à Son Excellence. Je m'y rendis afin d'en obtenir au moins quelques éclaircissemens sur ma situation future. Je n'eus qu'à me louer de cette audience; M. de Renneville me dit en finissant que, pour obtenir plus de lumières, il enverroit un Inspecteur des finances. C'étoit le samedi.

Le lundi, ces Messieurs revinrent, toujours au nombre de cinq, en comptant leur Gardien; ils commencèrent par me lire l'ordre qu'ils avoient reçu de continuer à faire le relevé des Plantes de l'Orangerie; et que si je m'y refusois, il leur étoit enjoint de requérir le Commissaire. Vous pouvez faire ce que vous voudrez, mais je ne me départirai pas de ma première résolution ; je ne vous laisserai entrer dans l'Orangerie que sur l'ordre signé du Ministre lui-même. En ce cas, allons chercher le Commissaire; et ils sortirent. Quelque temps s'écoula avant que personne ne revînt. Enfin, je vois entrer quelqu'un, que je reconnois pour le Commissaire du quartier; il me dit que c'est avec beaucoup de surprise qu'il s'est vu requis pour venir chez moi en vertu de l'ordre qu'ils présentoient; qu'il avoit répondu que ne connoissant pas la personne qui l'avait signé, et que ne pouvant marcher que sur celle de ses Supérieurs, ou d'un acte émané de la Justice, il ne pouvoit accéder à leur demande; mais que connoissant mon honnêteté, il vouloit bien se rendre chez moi, afin que si, par hasard, l'affaire pour laquelle ils requéroient son ministère provenoit de quelque malentendu, il pût la terminer en mettant les deux parties à même de s'expliquer amiablement. Je le remerciai de sa bonne intention; je lui racontai ce dont il était question, et il fut encore plus convaincu qu'il n'y avoit rien là qui fût de sa compétence.

Depuis je n'ai plus entendu parler de ces Messieurs. Cependant, à peine le Commissaire étoit sorti, qu'il survint un nouveau personnage.

Mais les formes acerbes avoient été remplacées par les manières les plus honnêtes; c'étoit M. de la Bienvenue, Inspecteur-général des finances, qui, suivant les promesses de M. de Renneville, venoit prendre connoissance des lieux; et il parcourut avec intérêt l'Établissement, témoignant dans plusieurs rencontres le regret qu'il avoit qu'on le détruisît. Il admira sur-tout les Espaliers de Pistachiers et de Pêchers. Je lui remis un résumé de ma lettre à Son Excellence, que j'avois préparé pour M. de Renneville.

J'insistois surtout sur la nécessité de mon séjour à la Pépinière jusqu'à la sortie des Orangers, et sur la demande que je faisois, au nom des Sciences, de le prolonger encore au moins jusqu'à la fin de l'année. M. de la Bienvenue me répondit à ce sujet, que si cela dépendoit de lui, l'un et l'autre ne souffriroient aucune difficulté, mais qu'il pouvoit seulement me garantir la première partie.

J'annonçois donc dans ma lettre que j'avois conservé jusques-là, le 31 janvier, tous les Ouvriers de la Pépinière ; mais que dès que le froid seroit devenu moins rigoureux, j'en congédierois deux, à mesure qu'ils trouveroient à se placer ; que je croyois utile de conserver les autres pour la garde de l'Etablissement, et qu'en conservant leur salaire sur le pied ordinaire il en résulteroit une dépense de 300 fr. par mois ; que pour moi, je n'avois rien à demander, puisque mon traitement étoit conservé, grâce à la munificence du Roi.

J'ai donc dû cesser d'être le Pépiniériste du Ministère de l'intérieur, le 31 décembre 1827 ; mais l'oubli plus qu'inconcevable qu'on a fait d'une propriété indubitable du Roi, ses Orangers déposés dans l'asile qui fut préparé par Louis XV, m'a fait rentrer dans les véritables fonctions de la place que j'occupe depuis vingt ans, celle de Conservateur d'une portion des propriétés de Sa Majesté.

C'est en cette qualité que j'ai cru devoir agir, mais en me soumettant toujours aux dernières instructions transmises par le Ministère de l'Intérieur, lorsqu'il me remettoit dans celui des Finances.

J'ai donc d'abord rendu compte, de vive voix, à Son Excellence M. de Villèle, de l'état de l'Orangerie, et je lui ai demandé des ordres ultérieurs à ce sujet : il m'a renvoyé d'abord devant le Ministre de la Maison du Roi ; mais M. le Duc Doudeauville ne me paroissant pas trop disposé à se mêler de cette affaire, j'ai pris le parti d'écrire la lettre qu'on vient de lire. Là, j'ai rendu compte de ce que j'avois fait jusque-là, et j'ai indiqué ce qui me paroissoit convenable de faire par la suite. Je demandois donc la sanction du Passé, et l'approbation ou la modification du plan de conduite pour l'Avenir que je m'étois tracé.

Ainsi, tant que je n'ai pas reçu d'ordres contraires, je me suis cru autorisé à maintenir, comme par le passé, tous les Ouvriers, au moins tant que le froid, faisant sentir sa rigueur, ne leur laissoit pas espérer de place. Cependant le Gardien restoit toujours dans la Maison, et, pour faire preuve de la vigilance qu'il mettoit pour remplir sa Mission, parcourant la Pépinière dans le moment le plus rigoureux, il aperçoit des excavations qui lui paroissent récemment faites ; il les regarde comme les témoins d'un enlèvement furtif d'Arbres dont on ne lui a pas rendu compte, et il va déclarer cette prétendue déprédation.

Cela m'apprit surtout que ses instructions, comme Surveillant, étoient des plus étendues. Cependant, au bout de cinq semaines, on m'en a débarrassé et on a confié le titre de Gardien à l'ancien Concierge, que j'avois désigné comme tel.

Dès que le temps a été radouci, j'ai fait reprendre les travaux accoutumés, en continuant les livraisons d'Arbres qui avoient été commandées, notamment pour le Jardin de Son Excellence le Ministre des Cultes. Mais, comme je l'avois annoncé, le nombre des Ouvriers se réduisoit suivant que les occasions se présentoient, et, sous peu, il alloit se trouver borné au nombre nécessaire pour la garde et la manutention des objets qui me restoient confiés.

Le silence qu'on gardoit vis-à-vis de moi me paroissoit de bon augure, parce qu'il me sembloit que si l'on vouloit borner mon séjour à ce que j'avois indiqué comme étant commandé par la nature des choses, on s'empresseroit de me le signifier, afin que je pusse faire des dispositions en conséquence.

Mais j'ai bientôt eu la preuve que l'on vouloit, jusqu'au bout, me traiter de la manière la plus désagréable ; c'étoit encore en me frappant à l'improviste.

Le samedi 17 mars, je rencontre dans les Tuileries M. Saint, le premier Jardinier, qui, m'abordant d'un air consterné, me dit que c'est avec la plus grande surprise qu'il vient de recevoir, de la part de la Maison du Roi, l'ordre de retirer tout de suite les Orangers qui étoient logés à la Pépinière du Roule, parce qu'on vouloit la mettre en état d'être *vendue tout de suite*, mais qu'il s'y étoit refusé, attendu que, dans cette saison, c'étoit s'exposer à voir ces Arbres détruits par le retour presqu'immanquable du froid ; et, le lundi, je vois fondre sur la Pépinière un ouragan furieux. L'impitoyable Borée, sous les traits de M. Bosc, vient pour la saccager : il me dit qu'il vient, en vertu d'un ordre émané des deux Ministères de l'Intérieur et des Finances, enlever tout ce qui peut convenir au Jardin des Plantes ; et il ajoute qu'on lui mande que je dois avoir reçu des deux Ministères la communication de cet ordre. Je lui réponds que c'est la première nouvelle que j'en ai. Abasourdi du coup, je le laisse faire ; il met aussitôt en besogne trois Ouvriers qu'il a amenés du Jardin des Plantes ;

il les laisse exécutant ses ordres de destruction.

J'avois cru d'abord qu'il n'étoit question que d'enlever ce qui pouvoit être réellement utile au Jardin des Plantes ; mais ils étendent la destruction sur tout ce qui pouvoit n'être que de simple ornement pour le local : ils enlèvent donc jusqu'aux Rosiers qui étoient dans les plates-bandes. Pendant trois jours il ont porté la destruction sur tout ce qui étoit de Pleine terre ; mais je les ai arrêtés lorsqu'ils ont voulu pénétrer dans l'Orangerie. Comme pour les Agens du Domaine, je leur en ai refusé l'entrée comme d'un lieu sacré, et ne leur ai laissé enlever que ce qui étoit réellement utile au Jardin du Roi, et je déclarai formellement que je n'en laisserois sortir que sur un ordre exprès. Je retins même une collection préparée pour l'École de Médecine, en vertu de l'ordre que j'avois reçu à la fin de l'année précédente. Je demandai au Professeur de Botanique de cet Établissement, que, par le Doyen de la Faculté, il fît renouveler, par le Chef de l'Instruction publique, une autorisation de cette livraison. Ce n'étoit point de ma part un acte irréfléchi d'insubordination, mais c'est parce que je désirois, qu'avant qu'on détruisît cet Établissement, une commission désintéressée eût été chargée de constater l'état dans lequel il se trouvoit alors ; mais, grâce à la brusquerie qu'on avoit employée, il n'étoit plus temps pour les objets de pleine terre ; c'étoit pourtant très-important pour moi : d'abord, pour qu'on jugeât si, comme je l'avois annoncé, son sol étoit encore susceptible de produire en assez grand nombre des plants d'Arbres encore rares ; ensuite d'examiner les tentatives que j'avois faites pour perfectionner la direction des Arbres, soit de plein vent, soit d'Espalier. Puis-je encore parler de celui qui étoit, il y a deux ans, le plus bel ornement de la Pépinière ? Le vent de l'adversité l'a aussi frappé. Cependant, tel qu'il est, il mérite encore l'attention des amateurs de Culture ; il fournira un chapitre important dans l'histoire de la Culture du Pêcher : peut-être que s'il eût été encore dans son état de splendeur, il eût été arraché. Car il est évident que cette expédition n'a eu pour but que de dégrader entièrement cette Pépinière, par là, justifier le motif qu'on a allégué pour sa destruction, l'appauvrissement de son sol, qui la rendoit inutile. Pourquoi s'est-on ressouvenu, au Ministère de l'Intérieur, qu'il y avoit encore des Arbres dans cette Pépinière, pour en faire don au Jardin des Plantes ? Ce n'est pas pour l'usage de cet Établissement qu'on a enlevé des plants d'Orme et de Marronier d'Inde, par exemple ; ce sera, dit-on, pour les distribuer : mais ne pouvoit-on pas leur épargner ce voyage par une transplantation ? Que ne laissoit-on encore une année d'existence à cet Etablissement, pour remplir le but de la fondation de Louis XV ? Dix mille pieds d'Arbres y resteront encore, ils pourroient avoir une destination utile. Comme je l'ai indiqué, les grands Arbres, dont la date de la plantation est connue, pourroient, par un abattage bien entendu, fournir de précieux renseignemens tant sur leur Culture en grand, que sur la nature de leur Bois, et des indications précises sur l'usage qu'on pourroit en tirer.

Qu'étoit-il besoin d'un intermédiaire pour faire toutes ces opérations ? Falloit-il me livrer aux vexations d'un collègue ? Il a terminé sa Mission destructive en venant faire une dernière inspection pour bien s'assurer que la dévastation étoit aussi complète que possible. Elle devoit s'étendre jusqu'à tous les instrumens de Culture, et aux Tables, Banquettes, Échelles, etc. Comme je n'en voyois pas la nécessité, je m'y suis encore refusé une première fois, et j'ai renvoyé à vide les deux charrettes venues du Jardin des Plantes. Enfin, j'ai cédé à une lettre signée par le Ministre des Finances lui-même.

Paris, le 31 mars 1827.

Sur la demande qui m'en a été faite, Monsieur, par MM. les Administrateurs du Muséum d'Histoire Naturelle, je les avois autorisés à faire enlever de l'établissement de la Pépinière du Roule, pour être transportés au Jardin du Roi, les plantes d'orangerie, ainsi que les divers outils, instrumens et châssis qu'ils jugeroient susceptibles d'être utilisés, et dont la soustraction ne pouvoit altérer la valeur de l'immeuble.

Je suis informé que vous vous êtes refusé à obtempérer à la réquisition qui vous a été faite en vertu de cette autorisation, nonobstant l'invitation d'y satisfaire qui vous avoit été transmise par mes ordres; je ne puis, Monsieur, que la confirmer aujourd'hui, en vous priant de ne plus apporter d'obstacle ou de délai à l'enlèvement des divers objets qui pourront être désignés par MM. les Administrateurs du Muséum d'Histoire Naturelle.

Recevez, Monsieur, l'assurance de ma considération,

Le Ministre Secrétaire d'État des Finances, DE VILLÈLE.

C'est donc en ces termes que Son Excellence m'intima l'ordre, sur la demande des Administrateurs, d'enlever, au profit de leur Établissement, tout ce qui pouvoit servir à la Culture, attendu que cela ne pouvoit plus être d'aucune utilité à la Pépinière, puisqu'elle alloit être *vendue*. Cependant, comme cette lettre gardoit le plus profond silence sur les demandes que j'avois faites dans celle que j'avois adressée à Son Excellence, je restois toujours dans la même position de Conservateur d'une propriété de Sa Majesté ; et comme on avoit reconnu tacitement que les Orangers dont j'étois dépositaire avoient encore au moins six semaines à rester à l'abri qui leur avoit été ménagé quatre-vingts ans avant, et qu'il falloit les soigner pendant ce temps-là, j'ai soustrait à la déprédation deux Arrosoirs, malgré les représentations des Agens ; mais il sembloit que c'étoit un vol que je leur faisois : il en a été de même de deux Bêches et autres outils nécessaires pour employer les deux seuls Jardiniers que j'aie conservés, au moins comme Gardiens nécessaires de la Pépinière ; mais ils ont suppléé, par le zèle, à leur petit nombre, et cet établissement se trouve aussi bien entretenu que possible ; l'Espalier a été taillé et dirigé grâce à l'Échelle que j'ai fait laisser.

J'ai donc diminué de quelques bagatelles le butin qui devoit aller enrichir le Jardin des Plantes. Enrichir ! il a été très-embarrassant et point profitable. Quel a donc été le but de cette expédition ? Comme je l'ai déjà dit, d'abord de justifier le motif de sa destruction, en second lieu de couper court aux demandes que je faisois dans ma Lettre de rester au-delà du terme fatal que j'avois indiqué, la sortie des Orangers ; d'y continuer encore au moins une fois mon Cours de Physiologie, de faire de l'Orangerie un lieu d'exposition où les Jardiniers de la Capitale seroient invités à y déposer les produits de leur industrie. C'est donc le moyen de rendre utile pendant l'été le rez-de-chaussée de ce Bâtiment. Mais l'étage supérieur ne pourroit-il pas avoir, pendant la même saison, une destination encore plus importante ? ce seroit en le transformant en une Magnanerie ou Éducation de Vers à soie. Elle auroit pu concourir, avec l'Établissement de la Bergerie, à propager cette branche d'industrie : si ce bienfait de la munificence royale pouvoit former des Élèves pour être répandus sur les différens points de la France, celui de la Pépinière eût mis sous les yeux d'un grand nombre de Propriétaires un exemple qui, en démontrant la facilité de cette Éducation, auroit pu déterminer plusieurs d'entre eux à s'y livrer avec l'espoir d'un plein succès.

On a semblé vouloir étouffer ce projet, en faisant main basse sur le petit nombre de Mûriers que je réservois pour les disposer au Printemps d'une manière convenable.

Il est certain que, toutes les fois que j'ai demandé la cause de tous ces dégâts, on n'a eu d'autre réponse à me faire que c'étoit pour accélérer la *vente* de l'Établissement et exécuter la sentence : *La Pépinière du Roule sera vendue*. Mais pourquoi cette précipitation? est-elle commandée par les circonstances? C'est ainsi que je l'avois dit dans ma Notice :

« On sait qu'il y a toujours un certain laps de
» temps entre la production d'un plan et son exécu-
» tion; qu'on me laisse donc encore jouir paisible-
» ment de ces instans. »

Mais vous en avez joui, me dira-t-on ; voilà six mois qu'on vous y tolère. C'est vrai ; mais on a empoisonné ce séjour par les vexations qu'on m'a suscitées, et surtout par l'état d'incertitude où l'on s'est plu à me plonger.

Tout ce temps, qui s'est écoulé si péniblement, a été pour moi d'une nullité presque complète pour mes travaux. C'est en vain que des sujets d'observations se sont présentés, je n'ai pu en faire usage. Qu'importe, dira-t-on? le Fisc ne doit connoître que ses intérêts particuliers. Il a existé un moment où il eût été avantageux d'exécuter cette vente le plus tôt possible, c'eût été lorsque l'on a pu juger que les Spéculateurs sur les constructions alloient revenir de leur engouement. A cette époque, huit jours plus tôt ou plus tard eussent produit une grande différence dans la vente ; mais actuellement qu'une morne stagnation a remplacé cette violente agitation, quelques mois de plus ou de moins ne peuvent influer sensiblement sur son produit. Mais, au fond, jusqu'à présent, la Pépinière du Roule pouvoit-elle être *vendue?* Non, m'a-t-on toujours dit ; elle ne peut l'être qu'en vertu d'une Loi expresse qui l'autorise. Effectivement, j'ai vu répéter, dans tous les papiers publics du moment, cet axiôme, d'après un discours de M. Casimir Perrier : *Il est de principe que tout Domaine de l'État ne peut être aliéné sans une Loi.* J'ai donc attendu la présentation de cette Loi ; mais on m'a dit depuis que ce n'étoit pas nécessaire, qu'une Ordonnance rendue au nom du Roi suffisoit pour autoriser la vente, qu'on l'effectuoit, et qu'à la session de la Chambre suivante on feroit rendre la Loi. Cela me paroissoit fort extraordinaire, mais je suis trop étranger à l'étude de notre droit public pour pouvoir juger de cela. Dans la discussion qui a eu lieu à la Chambre le vendredi 25 mai et le samedi suivant, au sujet des dotations du Sénat et de la Chambre des Pairs, il a été question des objets dont on pouvoit disposer par des Ordonnances, et tout ce qui a été dit pour ou contre m'a semblé prouver qu'il ne pouvoit y avoir de véritable aliénation du Domaine sans une Loi préalable. Il faut donc en rendre une pour la *vente* de la Pépinière. Là, donc, va se présenter une question importante : Est-elle du domaine de l'État ou de celui de la Couronne? Me fondant sur la loi qui a été portée lors de la Restauration, qui a prononcé que tous les Émigrés rentreroient dans la possession de leurs biens qui n'avoient pas été *vendus*, rien ne pouvoit me faire croire que la Famille Royale seroit seule exceptée de cette Loi; et il me sembloit que Louis XV n'avoit pas plus aliéné cette portion de son Domaine en lui donnant une destination d'utilité publique, que Charles X n'a aliéné le Domaine de Grignon en le consacrant aux progrès de l'Agriculture; mais il a prescrit qu'à une époque fixe il rentreroit dans ce Domaine. On peut croire qu'il n'étoit pas besoin d'une pareille déclaration lors de la fondation de la Pépinière du Roule.

Il m'est encore revenu, et toujours par ricochet, qu'on avoit dit dans les bureaux du Ministère qu'on avoit placé des Orangers des Tuileries dans le Bâtiment du Roule, à une certaine époque, non pas parce que c'étoit une Orangerie bâtie par les ordres de l'un de nos Rois pour les recevoir, mais parce que l'on en eut besoin lorsqu'on commença à jouir d'un moment de calme: alors on jugea que le profit qu'on pouvoit retirer, matériellement, de cinquante arpens de terre plantés en Pommes de terre, ne valoit pas, au fond, l'agrément d'une promenade où une population immense pouvoit, dans ses momens de loisir, respirer le grand air. On décora donc les Tuileries des Orangers recueillis comme débris des Maisons Royales et des Châteaux qu'on avoit dévastés. Il fallut les loger pendant l'hiver. Le rez-de-chaussée des galeries du Louvre, occupé en grande partie d'une autre manière, étoit loin de suffire; on chercha de tous côtés des bâtimens assez vastes pour servir à cet usage. Ceux qui avoient la manutention des Tuileries s'adressèrent, pour cet objet, au Ministère de l'Intérieur. Cette administration en assigna aux quatre coins de Paris, notamment aux Petites Maisons, rue de Sèvre; et si elle y comprit l'Orangerie du Roule, ce n'étoit point pour rappeler le but de son antique fondation, mais seulement parce qu'elle étoit propre à cet usage. Elle permit donc aux Jardiniers des Tuileries de déposer quelques uns de leurs Orangers dans un local qui faisoit partie de ses attributions.

Il est donc constant qu'à une époque certaine, ce fut le 4 octobre 1796, une partie des Orangers des Tuileries a été déposée, pendant l'hiver, par la permission du Ministre de l'Intérieur, c'étoit Benezech, dans la Pépinière du Roule, quoique, l'année précédente, il n'y en eût pas. Ainsi, ce ne fut donc point à raison de la première destination de ce Bâtiment qu'à cette époque on l'employa à cet usage. Ainsi, dira-t-on, si l'on revendiquoit ce Bâtiment comme Domaine du Roi, on auroit autant de raison de réclamer, au nom du Souverain, la propriété des autres Bâtimens où l'on a déposé pareillement des Orangers temporairement. Mais ces Bâtimens, non-seulement n'avoient jamais fait partie du Domaine du Roi, mais, de plus, n'avoient pas été construits pour servir d'Orangerie. On ripostera encore que ce ne fut pas ce double motif qui fit accorder celle du Roule aux Jardiniers des Tuileries, et qu'on n'avoit pas mis le Roi en avant. Je le crois bien! c'étoit dans le moment où l'on jetoit haine à la Royauté : ce n'étoit pas même dans le moment où quelqu'un étoit venu se loger dans les Tuileries; à coup sûr celui-là n'auroit pas souffert qu'on mît en doute son droit de propriété.

Mais quand c'eût été un simple Particulier qui cût obtenu la permission du Ministère de faire passer l'hiver à ses Plantes dans l'Orangerie, regardée comme vacante, on n'auroit pu, sans injustice, les faire déguerpir avant que la saison ne l'eût permis. D'après cela, il est évident que l'on ne pouvoit disposer de l'Orangerie du Roule avant que la saison ne permît de les mettre en plein air. Ce moment est venu : on étoit donc alors maître de l'aliéner. Non, car on n'en avoit pas encore acquis le droit. On conçoit que s'il eût été question d'un simple Particulier, on lui eût dit : Vous avez six mois à vous pourvoir, faites comme bon vous semblera ; mais ne comptez plus sur nous. A-t-on pu dire la même chose au Souverain ?

Cependant, si quelques considérations eussent fait différer la *vente* jusqu'au moment où les Orangers devoient rentrer dans leur quartier d'hiver, et que leur Propriétaire eût demandé encore la permission de les remettre dans leur ancien domicile, on auroit peut-être refusé d'abord ; mais quand il auroit fait voir que, loin de nuire à la *vente*, la présence de ces Orangers auroit pu déterminer un Acquéreur qui, voyant la belle conservation de ces Arbres, l'auroit jugée des mieux disposées pour continuer à remplir sa première destination. On lui auroit donc probablement accordé, pour une dernière fois, la permission de jouir de cet édifice. Eh bien on l'a refusé au descendant de son Fondateur !

Pourquoi cette différence ? C'est qu'une simple permission, pour le premier, n'entraînoit aucune conséquence. Il n'en étoit pas de même pour le second, ses Orangers rentrant une nouvelle fois dans le lieu qui leur avoit été destiné, auroient fait faire des réflexions sur leur singulière position: on se seroit demandé ensuite pourquoi ils ne continueroient pas à y revenir les années suivantes, comme ils avoient fait par le passé. La question préliminaire seroit revenue sur le tapis : à qui appartient ce terrain dont on dispose? N'a-t-elle pas été décidée, lorsque deux Français de plus sont revenus?

Si ce n'est pas dès le premier moment de leur retour, ce dut être au moins depuis la loi du 5 décembre 1819, qui rendit aux Émigrés leurs biens qui n'avoient pas été aliénés. Il paroissoit donc évident que, si ce Terrain eût appartenu au moindre d'entre eux, il auroit demandé sa réintégration dans ce Domaine; mais, par l'Article sept de cette loi, on l'eût au moins retardée, c'est celui par lequel on décide que les Immeubles auxquels on auroit donné, dans le moment, une destination de Service public, d'Administration ou autre, ne seroient rendus que lorsqu'on auroit trouvé à les remplacer convenablement ; ce Propriétaire auroit donc été obligé d'attendre jusqu'au 24 décembre 1826, que le Ministère de l'Intérieur a déclaré qu'il renonçoit à l'usage qu'il avoit fait de ce terrain comme Pépinière. Cela avoit donc eu lieu lorsque deux François de plus étoient rentrés sur le sol de la France.

Mais non, je me trompois, l'un de ces deux Français étoit exclu de la loi générale qui réintégroit la Propriété foncière. La première pierre qui a été détachée du Trône lorsqu'on l'a renversé, n'est point rentrée dans sa place lorsqu'il a été relevé. Ce fut lorsqu'on déclara que la Propriété transmise de Père en Fils depuis le plus long temps, seroit envahie. Le Domaine du Roi, par cette décision, devint Domaine de l'État. Louis XVIII lui-même a sanctionné cette détermination en assurant la Propriété de ses sujets par la Charte qu'il a octroyée, et il s'en est remis à leur générosité pour la sienne propre. C'est donc par une Loi spéciale qui porte le nom de *Liste civile*, qu'on détermine au commencement de chaque règne les propriétés qu'on lui accorde; mais on a maintenu à Sa Majesté Charles X celles qu'on avoit allouées à Louis XVIII, seulement les Écuries dites d'Artois y sont passées en vertu de cette Loi. On ne reconnoît donc, comme Domaine du Roi, que les objets énumérés expressément sur cette Liste. Il est certain, dira-t-on, qu'on n'y trouve pas la Pépinière du Roule. J'ai été forcé de reconnoître la vérité de cette assertion, et j'étois prêt à passer condamnation sur ce point, lorsque le hasard m'a fait rencontrer cette Loi du 14 novembre 1814, où j'ai lu ces paroles :

Art. 3. » Le Louvre et les Tuileries sont destinés » à l'habitation du Roi. Le Roi jouira également de » tous les Bâtimens adjacens *employés actuellement à* » *son service.* »

On ne peut disconvenir que l'Orangerie du Roule ne soit un Bâtiment *actuellement employé au service du Roi*, puisqu'il sert à conserver une partie des Orangers qui décorent les Tuileries : ces Orangers furent bien reconnus comme la propriété de Louis XVIII, lorsqu'il rentra dans ce Palais en 1814, et ils venoient de passer l'hiver dans cette Orangerie, où ils ont continué depuis à y prendre leur asile. Mais, dira-t-on, l'épithète d'*adjacens* ne peut convenir à ce local, puisqu'il se trouve à une assez grande distance du Palais. Il est évident que, dans cette acception, ce terme désigne une position telle, que le service qu'on peut tirer de ce Bâtiment puisse s'exécuter facilement. Or, il est certain que, lorsqu'une fois un Oranger est placé sur un Fardotier, une centaine de toises de plus ou de moins ne doivent pas être prises en considération, et, dans le fait, ou géométriquement parlant, un Oranger pris vers le Pont tournant, ne parcourt pas une ligne plus longue pour se rendre à l'Orangerie du Roule que pour se loger sous les galeries du Louvre. D'ailleurs, ce trajet consistant dans l'allée et la venue, s'exécutant chacune dans une seule journée, n'a donc lieu que deux fois dans l'année, et cela à des temps éloignés, tandis que d'autres édifices servant *actuellement* au service de Sa Majesté et de sa Famille, situés dans le même quartier, comme les Écuries du Roi, du Dauphin et de Madame la Duchesse de Berri, remplissent tous les jours un Service actif aussi ponctuellement que les Écuries situées sur la place du Carrousel. Il est évident par là que l'épithète d'*adjacents* peut convenir à l'Orangerie, quoique prise dans une rigueur mathématique.

On voit dans ce récit fidèle avec quelle persévérance le Ministère de l'Intérieur a poursuivi la ruine de la Pépinière du Roule. Le 19, j'ose demander à Sa Majesté sa conservation en invoquant les mânes du Fondateur, son Aïeul Louis XV, et le 24, le premier jour du Conseil qui a suivi, on lui fait signer sa ruine; mais cette précipitation a causé une inadvertance; il me semble que le Ministre de l'Intérieur pouvoit proposer seulement de supprimer les frais de Culture de ce local comme Pépinière; mais que ce n'étoit pas à lui d'en provoquer l'Aliénation.

D'abord elle ne pouvoit avoir lieu dans ce moment, puisque les Orangers du Roi y étoient, et cela en vertu de la Loi déterminant la Liste civile. J'ai relevé respectueusement cette circonstance dans une lettre à Mgr. de Villèle, il l'a laissée sans réponse, et cependant on y a fait quelqu'attention, puisque c'est pour me prendre par mes propres paroles qu'on a donné l'ordre si singulier de faire sortir les Orangers le 17 mars. Une généreuse résistance les a préservés. Il a donc fallu attendre à l'ordinaire le mois de Mai pour débarrasser l'Orangerie, alors donc on pouvoit la *vendre*; non, car il falloit songer à l'avenir. Quatre ou cinq mois d'écoulés la rendoient encore *nécessaire*; pour éviter ce mal, on a cherché dans tout Paris le moyen de la remplacer; mais c'est en vain; enfin on imagine un expédient qui sauve les Orangers du danger de revenir dans leur asyle ordinaire, c'est-à-dire l'Orangerie la plus saine de Paris. On les a vus disséminés dans les allées des Tuileries après que les autres étoient rentrés; le logement qu'on leur destinoit étoit indiqué à la craie par le mot Versailles. Les Voyageurs les ont rencontrés sur cette route qui alloient successivement se perdre dans la forêt qui s'y trouve. Ils ont mis dix à douze jours pour s'y rendre, en courant les risques d'un pareil chemin, et de plus la crainte du froid qui pouvoit les surprendre, tandis que dans un seul jour ils pouvoient être à l'abri de tout danger. Il en sera de même pour le retour. Non, dit-on, ils doivent rester là, attendu qu'on les réforme parce qu'on a trouvé qu'il y en avoit trop dans les Tuileries; et l'on triomphe! parce qu'on croit avoir prouvé par là que l'Orangerie du Roule n'étoit pas *nécessaire* au Service du Roi. Eh bien! il me semble qu'on a prouvé le contraire. La Loi du 14 novembre 1814 garantissoit donc au Roi, non-seulement le Louvre et les Tuileries, mais de plus tous les Bâtimens *né-*

cessaires à leur manutention, par conséquent les moyens de loger tous les Orangers qui s'y trouvoient; ils s'y sont maintenus dans le même nombre jusqu'au mois de mai 1827. Personne jusqu'alors n'en a trouvé de trop; ce n'est donc que lorsqu'il a fallu les rentrer qu'on les a diminués, c'est donc alors seulement qu'on auroit pu s'adresser au Roi pour ordonner l'Aliénation de cette Orangerie; mais pour préliminaire il eût fallu le supplier qu'il daignât dégarnir son Jardin d'Ornemens qu'on jugeoit *superflus*.

Que va devenir ce Terrain? Doit-on s'en inquiéter, puisqu'il rentrera dans le domaine de Bienfaisance du Roi? Tous les jours Sa Majesté donne des preuves de son goût éclairé pour l'Agriculture, par les magnifiques Établissements qu'elle lui consacre. Il ne faut que lui indiquer une occasion pour qu'elle répande des Bienfaits. Elle se présente : une Société, sous le nom d'*Horticulturale*, vient de se former pour perfectionner le Jardinage en France; comme elle veut joindre la Pratique à la Théorie, elle a besoin d'un local pour confirmer par l'expérience les connoissances qu'elle pourra recueillir. Que Charles X lui confie pour un temps déterminé la Pépinière du Roule : pénétrée de reconnoissance, elle s'engagera à y remplir l'intention de Louis XV en la rendant à ses frais la plus utile possible aux progrès de la Culture.

Quelque mince que soit cette proie, l'Agiotage la couve des yeux. N'ai-je pas vu, ces jours derniers, celui qui a jeté la première pierre contre cet Établissement y venir prendre des mesures pour appuyer la nouvelle Pétition qu'il vient de présenter, afin d'y percer une des Rues les plus inutiles de Paris, mais qui favoriseroit la vente de ses Terrains.

Te naturæ dedecus
Quòd ferre certe cogor, bis videor mori. Phædr. lib. I, Fab. 21.

De l'Imprimerie de GUEFFIER, rue Mazarine, n° 28.

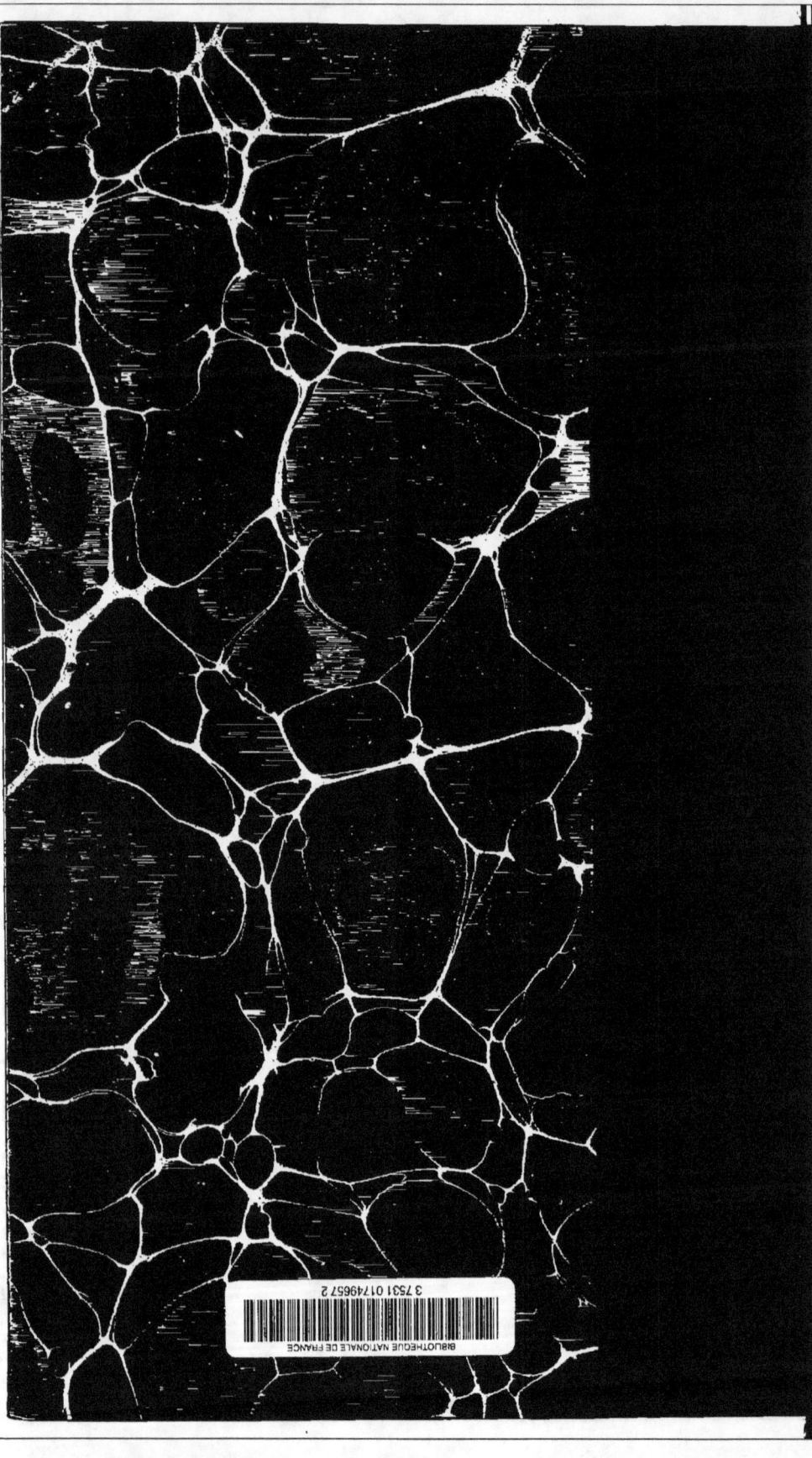

www.ingramcontent.com/pod-product-compliance
Lightning Source LLC
LaVergne TN
LVHW020943090426
835512LV00009B/1694